FESTINS VÉGÉTARIENS

FESTINS VÉGÉTARIENS

TEXTE DE RICHARD CAWLEY

PHOTOGRAPHIES DE DEBBIE PATTERSON

ADAPTATION FRANÇAISE DE FRANÇOISE GUIRAMAND

GRÜND

À Joan Campbell

Sauf indication contraire, toutes les recettes sont prévues pour 6 personnes
et les cuillères utilisées comme unités de mesure sont supposées rases.

Texte original : **Richard Cawley**
Adapatation française : **Françoise Guiramand**
Coordination : **Christine Dorville**

Première édition française 1994 par Librairie Gründ, Paris
© 1994, Librairie Gründ pour l'adaptation française
ISBN : 2-7000-5380-X
Dépôt légal : août 1994

Édition originale 1993 par Conran Octopus Ltd sous le titre original *Green Feasts*
© 1993 Richard Cawley pour le texte
© 1993 Debbie Patterson pour les photographies
© Conran Octopus pour la conception graphique
Direction éditoriale : Lewis Esson Publishing
Direction artistique : Mary Evans
Stylisme : Alison Fenton
Réalisations culinaires pour les photographies : Richard Cawley, Ian Hands et Jane Suthering
Assistante d'édition : Penny David
Production : Mano Mylvaganam

Imprimé à Hong Kong

SOMMAIRE

PREMIÈRE PARTIE

DEUXIÈME PARTIE

LISTE DES MENUS

LISTE DES RECETTES

AFIN que le lecteur puisse composer ses menus à sa guise, j'ai classé les recettes de ce livre selon leur type et leur usage : hors-d'œuvre, entrées, etc. Évidemment, la plupart des plats entrent dans différentes catégories et ce sera donc au lecteur de les servir, selon les occasions, en fonction de l'usage qu'il aura choisi.

Toutes les recettes de ce livre ont été prévues pour 6 personnes. Il est évident que si vous deviez servir en plat principal un plat classé dans les hors-d'œuvre, il faudrait augmenter les quantités, et inversement.

À L'HEURE DU THÉ OU DU PETIT DÉJEUNER

POTAGES ET HORS-D'ŒUVRE

COLLATIONS ET REPAS LÉGERS

SALADES

INTRODUCTION

La cuisine végétarienne compte des adeptes chaque jour plus nombreux. On abandonne la viande, voire le poisson, pour de multiples raisons : morales, écologiques, parfois sur les conseils d'un médecin ou d'un nutritionniste.

Peu importe cependant les raisons du succès croissant des régimes végétariens. Ce n'est pas l'objet de ce livre qui n'est d'ailleurs pas, à proprement parler, un livre de cuisine végétarienne. Il ne contient, c'est vrai, aucune recette à base de viande ou de poisson, et celles qu'il propose séduiront les « végétariens » purs et durs. Mais loin d'être destiné à eux seuls, il s'adresse à tous ceux qui aiment bien manger.

Il n'y a pas si longtemps, un végétarien ne pouvait prendre un repas correct dans un restaurant, et se voyait rarement proposer autre chose que la sempiternelle omelette-salade. Ce n'est plus vrai aujourd'hui, et de nombreux restaurants de qualité offrent des plats végétariens tout à fait délicieux. Pour cette raison sans doute, l'image du végétarien perd de plus en plus sa connotation « baba cool », mangeur de fruits secs et de légumes bouillis.

La « mode » végétarienne date des années 60-70. Or, depuis ces années-là, la cuisine traditionnelle a évolué vers une alimentation moins riche, plus saine, plus variée dans son style et dans ses ingrédients de base.

Parallèlement, la plupart des livres de cuisine végétarienne s'attachent à montrer comment s'alimenter sans viande ni poisson. Peu, en revanche, ont le souci d'expliquer, recettes à l'appui, que l'on peut bien manger en étant végétarien, et que la cuisine végétarienne n'a rien à envier à la cuisine traditionnelle, s'agissant de la bonté et de la variété des mets.

Quant à moi, sans être végétarien, je n'ai jamais été grand amateur de viande – surtout de viande rouge. Dans un livre de cuisine publié en 1986, je citais quelques recettes de volaille et de poisson, et je sais que, de plus en plus, médecins et nutritionnistes préconisent une alimentation moins riche comme partie intégrante d'un nouveau style de vie plus équilibré. Il ne s'agit pas seulement de manger moins de viande rouge, mais aussi de diminuer la consommation des lipides et des sucres, et de certaines protéines au profit des fruits, des légumes et des aliments riches en fibres, tels que les pommes de terre, les pâtes, le pain, les légumes secs.

L'idée d'écrire ce livre m'est venue après avoir fait la constatation suivante : de plus en plus souvent, chaque fois que je donne un dîner, un de mes invités au moins s'excuse de ne pas manger de viande – parfois même de poisson. Or s'il est difficile de prévoir deux menus pour un même repas, il est en revanche très facile de préparer un délicieux dîner sans viande ni poisson.

Si délicieux d'ailleurs, que vos hôtes ne s'apercevront pas qu'ils ont mangé «végétarien».

Malgré le nom de blé turc qu'on lui a longtemps donné, le maïs (ci-contre) est originaire d'Amérique où il détient une place prépondérante dans l'alimentation et la gastronomie.

DES SOURCES VARIÉES

Une fois ma décision prise d'écrire ce livre, j'ai cherché un peu partout les recettes de cuisine les plus diverses. J'en voulais des traditionnelles, d'autres exotiques, et je désirais surtout m'inspirer des traditions culinaires des quatre coins du monde. Très vite hélas, pour des raisons de clarté, il m'a fallu limiter mes idées, les organiser selon un axe autour duquel s'articuleraient mes menus.

Depuis quelques années, j'ai la chance de voyager trois ou quatre mois par an, et je choisis toujours de m'en aller vers le Sud ensoleillé. J'aime le soleil pour sa lumière et sa chaleur. Je l'aime aussi et surtout pour l'effet qu'il opère sur les gens, leur mode de vie, et en particulier sur leur façon de cuisiner.

J'adore les senteurs et les saveurs que l'on trouve sur le pourtour méditerranéen : en France, en Italie, en Grèce, en Turquie. Et, au fil des années, j'ai appris à bien connaître les cuisines de ces merveilleux pays.

Ces derniers étés, je les ai passés dans une petite vallée magique, entre la Provence et le Languedoc. C'est un coin enchanté où l'on trouve les plus exquis fromages de chèvre et du miel divin, où l'or des champs de tournesols le dispute au bleu violet des lavandes en fleur, où les côteaux se couvrent de vignobles aux tons changeant avec les saisons.

Là, je me suis tellement plu que j'y ai acheté une maison et c'est dans ce paysage conçu pour le bonheur que je fais mon marché, cuisine, et jouis de la vie.

Là et en Australie aussi, où je me rends pour Noël depuis six ans déjà, fuyant la grisaille britannique pour le soleil de l'été austral. Un soleil très semblable à celui de la Provence...

UNE MUSE LOINTAINE

Beaucoup me regardent ahuris quand je vante les mérites de la cuisine australienne. Bien sûr, ces gens n'ont jamais visité ce magnifique continent et s'imaginent encore qu'il s'agit d'un pays presque sauvage où l'on s'alimente de façon plus que rustique. C'est vrai en certains endroits, je l'admets.

Sydney, néanmoins, et d'autres grandes villes offrent des restaurants de très grande qualité. On y sert des plats aussi raffinés que dans les meilleurs établissements des capitales occidentales.

Quant à la cuisine familiale, celle que l'on mange chez les Australiens, elle sait aujourd'hui profiter des multiples produits de toute première qualité qu'offre cet immense continent. À la maison, cuisiniers ou cuisinières n'hésitent pas à innover, varier, et usent d'un raffinement dans la préparation et la présentation des plats qui n'a rien à envier à celui de leurs homologues européens.

C'est à la presse gastronomique que l'on doit ces progrès dans la façon de préparer la nourriture. Cette presse, là-bas, est très active, et j'aimerais mentionner en particulier la rubrique gastronomique de *Vogue Australie* ainsi que sa responsable, Joan Campbell, dont les articles sont à mon avis exceptionnels.

Aussi bonne cuisinière que journaliste, Joan Campbell possède un flair remarquable et sait dénicher, Dieu sait où, des recettes qui, très vite, feront fureur dans le monde entier. Elle est, en outre, une femme pratique et sait simplifier des préparations compliquées de sorte que chacun puisse les exécuter rapidement pour la plus grande joie de ses invités.

C'est elle ma muse lointaine et amie de longue date. Je lui dois de nombreuses recettes qui figurent dans les pages qui suivent et qui vous raviront autant par la subtilité de leur saveur que par l'éclat et l'originalité de leur présentation.

DES USTENSILES PRÉCIEUX

Si les cuisiniers professionnels passent beaucoup de temps dans leur cuisine, il n'en va pas obligatoirement de même pour les cuisiniers amateurs que nous sommes. Cuisiner doit être un plaisir, non une corvée. C'est pourquoi ce livre ne contient que des recettes rapides et faciles à réaliser.

Il est tout à fait possible de préparer une excellente nourriture avec seulement quelques ustensiles de base : un ou deux bons couteaux bien aiguisés, poêles, casseroles, faitouts en nombre très limité, et quelques cuillères en bois et fouets. Je préconise, néanmoins, deux accessoires à mon avis indispensables : le robot et le wok.

Un bon robot vous économisera des heures de travail fastidieux : émincer les oignons, hacher certains légumes, les couper en fines rondelles, par exemple. Bref, autant de tâches peu gratifiantes mais indispensables. Pour ma part, je suis sûr qu'il figurerait sur ma liste des priorités à emporter sur une île déserte...

Je ne saurais non plus me passer d'un wok, cette poêle en fonte à fond bombé et légèrement conique, très utilisée dans la cuisine chinoise. Le mien, très épais et très lourd, possède un couvercle et, si sa forme intérieure en entonnoir est traditionnelle, il est, en revanche, plat à l'extérieur afin que, sur le feu ou rangé dans un placard, il ne risque pas de basculer.

LES PRODUITS

Rien n'est plus agaçant que de lire sous la plume d'un chroniqueur gastronomique vantant les mérites de tel ou tel chef réputé, que son « secret » tient à ce qu'il n'utilise que des produits de première fraîcheur. Où est la révélation ? Tous ceux qui s'intéressent à la bonne cuisine le savent depuis toujours. Certaines viandes et quelques fromages se bonifient en « vieillissant », comme le vin, bien sûr, mais un légume frais doit l'être, c'est une évidence !

On constatera dans ce livre, surtout dans la partie traitant des sauces et condiments, que je les conseille bien relevés, et l'on y trouvera mentionnés, chaque fois que possible, des ingrédients et épices souvent inhabituels.

LA TABLE VÉGÉTARIENNE

Les repas végétariens sont bien pratiques parce qu'ils s'accommodent d'à peu près tous les vins. Une réserve, cependant : certains vins blancs, très subtils en bouche, risquent de paraître fades s'ils accompagnent certains plats corsés, voire épicés. En outre, aux dires de certains puristes, il n'est pas de vin qui s'accorde avec les asperges ou les artichauts.

Un dernier conseil : placez ce livre dans votre cuisine, et consultez-le souvent. Sans pour autant devenir végétarien, vous envisagerez d'un œil neuf des repas sans viande ni poisson et, grâce aux menus inhabituels qu'il vous propose, vous ensoleillerez vos dîners de fête comme ceux de tous les jours, même au cœur de la grisaille hivernale.

Originaire de l'Inde, l'aubergine fit son apparition dans le midi de la France au XVIIIᵉ siècle, mais ne fut connue au nord de la Loire qu'à l'époque de la Révolution.

PREMIÈRE PARTIE

PAINS, SAUCES ET ACCOMPAGNEMENTS

*Voilà des années que je
collectionne les recettes
de pains et de biscuits,
ainsi que celles de sauces
et condiments divers.
J'en ai essayé de multiples et,
finalement, quand j'ai envie
d'un succulent pain de
campagne ou d'une bonne
mayonnaise, je reviens
toujours à des recettes de base
toutes simples que vous
trouverez dans ce chapitre.
Ce sont des amies fidèles
qui ne m'ont jamais trahi et,
si le cœur vous en dit,
vous les améliorerez en y
ajoutant un peu de ceci,
un peu de cela, à votre goût.
J'y ai joint trois recettes faciles
et rapides qui transformeront
en festin vos apéritifs et que
vous pourrez aussi utiliser
comme accompagnement
de certains plats.*

PAIN DE CAMPAGNE MAISON

Pour une belle miche :
- *700 g de farine blanche (pour un pain blanc), ou 350 g de farine blanche et 350 g de farine complète (pour un pain bis)*
- *1/2 sachet de levure chimique*
- *1 cuillerée à café de sel*
- *30 g de beurre ou de saindoux*
- *1/2 litre d'eau tiède*

Disposez la farine en puits dans une terrine avec le sel et la levure. Incorporez le beurre ou le saindoux du bout des doigts comme pour une pâte brisée jusqu'à ce que le corps gras soit entièrement absorbé.

Ajoutez l'eau tiède et pétrissez pour obtenir une boule de pâte homogène.

Sur une surface légèrement farinée, étirez la pâte à la main, comme vous le feriez avec un élastique, étendez-la et pétrissez-la de nouveau. Étirez-la encore. Vous devez la travailler ainsi pendant au moins 10 minutes. Pliez ensuite la pâte étirée en quatre, et repétrissez. Recommencez l'opération plusieurs fois.

Donnez alors à la pâte la forme d'une grosse boule régulière que vous saupoudrerez de farine avant de la recouvrir d'un film transparent ou d'une mousseline. Laissez lever à température ambiante. La boule doit doubler de volume. Cette opération doit se faire naturellement sans que vous cherchiez à la précipiter en plaçant la pâte dans un endroit chaud (votre four à peine allumé, par exemple), et elle prend généralement plus de temps qu'il n'est indiqué sur le paquet de levure. Tout dépend de la température et de l'humidité de la pièce. Je compte habituellement 2 à 3 heures.

Préchauffez votre four à 200 °C (thermostat 6) et placez votre plaque à pâtisserie à mi-hauteur. Introduisez dans le four un petit récipient en porcelaine à feu contenant de l'eau afin de dispenser de l'humidité pendant la cuisson.

Une fois votre four chaud et votre pâte bien levée, farinez-la encore une fois, tracez au couteau deux traits grossiers en forme de croix sur sa partie supérieure pour que la pâte ne risque pas d'éclater en cours de cuisson et que la boule conserve sa forme égale, une fois cuite.

Enfournez et laissez cuire un bon quart d'heure. Abaissez ensuite la température du four à 180 °C (thermostat 5) et faites cuire encore 30 minutes. Lorsqu'elle est cuite, la miche doit présenter une croûte d'un joli brun appétissant.

Qu'il soit fermenté ou très peu levé, fait de blé, de riz, de maïs ou de seigle, le pain se consomme pratiquement dans le monde entier.

PETITS PAINS ASSORTIS

De plus en plus, dans les grands restaurants à la mode, on vous sert, au lieu du pain traditionnel, un assortiment de petits pains parfumés à différents ingrédients : raisins, olives, cumin, tomate, anchois, etc. Partant de la pâte à pain expliquée dans la recette précédente, il vous sera très facile de confectionner vous-mêmes ces délicieux et élégants petits pains. Vous découvrirez ci-dessous comment en préparer aux olives et à la tomate séchée. Après quoi, à vous d'innover avec vos propres ingrédients. Et Dieu sait qu'il n'en manque pas !

Pour 24 petits pains :
Pour une boule de pâte préparée avec 350 g de farine, il vous faudra prévoir 200 g d'olives noires dénoyautées et bien égouttées de leur huile de macération. Vous les concasserez ensuite grossièrement soit au mixer, soit à l'aide d'un hachoir.

Pour la même boule de pâte, parfumée à la tomate, prévoyez 100 g de tomates séchées et conservées dans l'huile (disponibles dans toutes les épiceries fines), ainsi que 3 cuillerées à café de concentré de tomate et une bonne pincée d'origan.

Préparez votre pâte à pain comme décrit page 15 en suivant les mêmes proportions puis, après l'avoir travaillée pendant 10 minutes, divisez votre boule en 2 parties égales. Dans l'une vous intégrerez les olives concassées et dénoyautées, dans l'autre, les tranches de tomates séchées. Les ingrédients sont parfois difficiles à incorporer au début, surtout lorsqu'ils sont gras comme les olives. Mais ne vous découragez pas, à mesure que vous pétrirez la pâte, celle-ci finira par « absorber » ce que vous lui avez ajouté.

Divisez chaque moitié de pâte, correctement pétrie, en 12 petites boules de taille égale. Si vous désirez les décorer avec des graines (sésame, cumin ou autres) afin de mieux les parfumer, mouillez leur sommet, et saupoudrez avec les graines choisies.

Disposez vos petites boules de pâte sur la plaque à pâtisserie ou sur une grille du four préalablement graissée. Veillez à les espacer suffisamment pour qu'elles puissent lever sans se toucher. Recouvrez-les d'un film transparent ou d'une mousseline, et laissez lever comme expliqué dans la recette précédente. Chaque boule doit doubler de volume.

Préchauffez votre four à 200 °C (thermostat 6) et enfournez 10 à 15 minutes. Vos petits pains doivent prendre une belle couleur dorée.

PAIN AUX NOIX

Il s'agit d'un pain délicieux, confectionné avec du lait et du yaourt et parfumé aux noix. Avantage non négligeable, il ne demande que quelques minutes de préparation. À l'origine, cette recette irlandaise voulait que l'on utilise du babeurre au lieu de lait.

Pour une belle miche :
* *300 g de farine complète*
* *300 g de farine blanche*
* *1 cuillerée à café de sel*
* *2 cuillerées à café de levure chimique*
* *1 cuillerée à soupe de sucre*
* *100 g de cerneaux de noix grossièrement concassés*
* *2 yaourts maigres*
* *3 dl de lait*
* *un peu d'huile de tournesol*

Préchauffez votre four à 220 °C (thermostat 7) et graissez au pinceau la plaque à pâtisserie avec l'huile de tournesol.

Dans un grand saladier, mélangez les farines, le sel, la levure, le sucre et les noix. Dans un autre, battez le lait et le yaourt que vous verserez ensuite dans le premier saladier.

Mélangez le tout pour obtenir une pâte molle, un peu collante, et travaillez-la sur une surface légèrement farinée. Prenez soin de vous fariner les mains aussi. L'opération s'en trouvera facilitée.

Constituez votre pâte en une boule et placez-la sur votre plaque à pâtisserie. Aplatissez pour obtenir une abaisse ronde d'environ 3 cm d'épaisseur. Coupez cette galette en 4 et écartez légèrement les morceaux afin qu'ils puissent lever en cuisant.

Saupoudrez de farine, enfournez et laissez cuire 30 minutes.

Attention, ce pain doit se manger le jour même. Rassis, il perd de sa saveur.

PAIN AU MAÏS

Aux États-Unis, il existe de nombreuses recettes de pain au maïs. Je vous livre ici la mienne qui n'est peut-être pas la plus authentique mais que je trouve délicieuse, et qui a le mérite de se préparer en quelques minutes.

Vous trouverez de la farine de maïs dans les rayons diététiques des bons supermarchés, ainsi que dans les épiceries fines. Vous pouvez aussi utiliser de la polenta.

Pour un pain :
* *50 g de beurre fondu*
* *2 yaourts maigres*
* *1 dl de lait*
* *2 œufs battus*
* *120 g de farine de maïs*
* *60 g de farine blanche*
* *2 cuillerées à café de sel*
* *1 cuillerée à soupe de sucre*
* *1 sachet de levure chimique*

Le pain à la banane se déguste aussi sous forme de pains perdus qu'accompagne une compote de fruits secs (recette page 39).

Préchauffez votre four à 200 °C (thermostat 6), et graissez avec un peu de beurre fondu un moule à cake de 1,5 litre.

Dans un saladier, battez le beurre fondu, les yaourts, le lait et les œufs. Dans un autre, mélangez la farine, le sel, le sucre et la levure.

Mélangez ensuite le contenu des deux saladiers. L'opération doit s'effectuer rapidement, à l'aide d'une cuillère en bois.

Versez cet appareil dans votre moule à cake et enfournez 35 minutes environ. Pour vérifier que votre pain est cuit, enfoncez un couteau dans son centre: la lame doit ressortir propre.

Laissez refroidir avant de couper en tranches.

PAIN À LA BANANE

Pour un pain :
- *115 g de beurre (et 10 g environ pour graisser votre moule)*
- *350 g de farine*
- *1 cuillerée à café de levure*
- *1 cuillerée à café de sel*
- *2 cuillerées à café de cannelle en poudre*
- *170 g de sucre brun en poudre*
- *3 œufs battus*
- *3 grosses bananes écrasées*

Préchauffez votre four à 190 °C (thermostat 5). Graissez au beurre un moule à cake de 1,5 litre et tapissez le fond avec du papier sulfurisé.

Dans un saladier, mélangez la farine, la levure, le sel et la cannelle.

Dans un autre battez le sucre avec le beurre que vous aurez fait fondre à feu doux, sans qu'il cuise. Ajoutez progressivement les œufs à ce mélange sans cesser de battre, puis intégrez le contenu du premier saladier. Ajoutez enfin les bananes. Travaillez bien.

Versez cet appareil dans votre moule à cake et laissez cuire 50 minutes à 1 heure. Vérifiez alors la cuisson avec un couteau.

Laissez refroidir 10 minutes, puis démoulez, et achevez de laisser refroidir.

PETITS BISCUITS DE CHRISTINE

J'ai toujours été très fier de mes biscuits jusqu'au jour où ma « grande » sœur Christine m'a fait valoir que les siens étaient meilleurs et, m'ayant convaincu, m'a appris à les confectionner.

Avec la recette qui suit, vous obtiendrez les meilleurs petits biscuits du monde. C'est en tout cas mon avis. Bien sûr, ils sont meilleurs frais, mais vous pouvez aussi les surgeler. De toute façon, leur préparation ne demande que quelques minutes.

Trois secrets pour les réussir : d'abord la pâte ne doit pas être trop dure. Ensuite travaillez-la le plus rapidement possible. Enfin, ne cuisez pas trop vos biscuits.

Pour 8 biscuits :
- *60 g de beurre ramolli et coupé en petits morceaux, plus de quoi graisser la plaque à pâtisserie*
- *225 g de farine*
- *2 cuillerées à café de levure chimique*
- *1 cuillerée à café de sel (pas obligatoire, mais personnellement, je préfère)*
- *2 cuillerées à café de sucre en poudre*
- *1,5 dl de lait*

Préchauffez votre four à 230 °C (thermostat 8) et graissez au pinceau votre plaque à pâtisserie avec un peu de beurre fondu.

Dans un saladier, disposez la farine en puits avec la levure, le sel et le sucre. Puis incorporez progressivement le beurre comme l'on fait pour une pâte brisée.

Quand tout le beurre a été absorbé, ajoutez le lait et mélangez rapidement avec une fourchette (vous pouvez aussi utiliser votre mixer pour cette opération). Vous devez obtenir une pâte assez molle.

Placez-la sur une surface légèrement farinée, et constituez-la en forme de boule. N'oubliez pas de fariner vos mains afin de travailler plus commodément, et étendez votre boule en une abaisse d'environ 2 cm.

Avec un emporte-pièce circulaire de 6 cm de diamètre, découpez 6 ronds. Repétrissez rapidement les tombées de pâte, étirez à nouveau, et découpez encore 2 biscuits.

Placez vos biscuits sur la plaque du four et laissez cuire 8 à 10 minutes. Ils doivent lever et dorer.

PÂTE SABLÉE

Il existe mille et une sortes de petits biscuits mais j'ai toujours eu une préférence pour les sablés. Ceux-ci peuvent se manger salés ou sucrés, voire parfumés à certaines épices, décorés de graines diverses : cumin ou sésame, pour ne citer que les plus connues.

Voici donc ma recette de pâte sablée. Elle est simple et rapide, surtout si, comme moi, vous la faites au mixer. À vous de l'utiliser ensuite selon vos goûts.

Pour 400 g de pâte :
- *250 g de farine*
- *1 cuillerée à café de sel*
- *115 g de beurre ramolli et coupé en petits morceaux.*
- *1 jaune d'œuf battu*

Disposez la farine en puits avec le sel dans une terrine. Incorporez le beurre ramolli petit à petit.

Ajoutez le jaune d'œuf et 3 cuillerées à soupe d'eau. Travaillez rapidement pour obtenir une pâte bien lisse.

Formez une boule que vous envelopperez d'un film transparent ou d'une mousseline, et laissez reposer 30 minutes au moins.

FOND DE LÉGUMES

Pour faire un fond, il faut des légumes, peu importe lesquels. Utilisez donc ceux que vous avez en surplus. On trouve aussi d'excellents « cubes » de fond de légumes à l'instar des célèbres cubes de pot-au-feu. Dissous dans la quantité d'eau indiquée, ils donnent un bouillon d'un goût très naturel et ont le mérite d'être faciles à utiliser.

Dans la recette ci-dessous, les quantités et ingrédients mentionnés le sont à titre indicatif.

Mon conseil : n'épluchez pas les oignons pour obtenir un bouillon d'une belle couleur dorée.

Pour 1,75 litre environ :
- *120 g de champignons émincés*
- *500 g d'oignons non épluchés et coupés en quartiers*
- *250 g de carottes coupées en morceaux*
- *250 g de navets (ou rutabagas) coupés en morceaux*
- *3 gousses d'ail pelées*
- *1 petite branche de céleri*
- *1 joli bouquet de persil (mettre les feuilles et les tiges)*
- *herbes aromatiques selon le goût (thym, romarin, etc.)*
- *1 feuille de laurier*
- *1 cuillerée à soupe de gros sel*
- *5 grains de poivre, et du poivre du moulin selon le goût*
- *1 bonne cuillerée à soupe de sauce soja*

Mettez tous les ingrédients dans une grande bassine avec 2 litres d'eau.

Amenez à ébullition et laissez frissonner doucement sans couvrir pendant 2 heures.

Passez au tamis. Jetez les légumes.

SAUCE VINAIGRETTE

Cette recette est une base que vous adapterez à vos goûts. Changez d'huile, essayez celle de noix, de noisette, mélangez. Variez vos vinaigres aussi, ou utilisez du jus de citron ou de citron vert.

Corsez enfin votre vinaigrette avec un peu de raifort, de l'ail, ou remplacez la moutarde par du chili. En saison, n'oubliez pas les fines herbes hachées.

Pour 4 cuillerées à soupe :
- *2 cuillerées à café de vinaigre de vin blanc*
- *1/2 cuillerée à café de sel*
- *poivre du moulin selon le goût*
- *1 cuillerée à café de moutarde*
- *3 cuillerées à soupe d'huile d'olive*

Dans un bol, mélangez le vinaigre avec le sel, le poivre et la moutarde, jusqu'à ce que le sel soit dissous.

Ajoutez l'huile et mélangez bien. Dans la mesure du possible, laissez reposer 1/2 heure afin que toutes les saveurs s'exhalent. Remuez encore la vinaigrette avant de l'utiliser.

MAYONNAISE

Finies les angoisses d'une mayonnaise qui « ne prend pas » ou qui tranche, maintenant qu'existent les mixers et les batteurs électriques.

Le goût de votre mayonnaise dépendra de l'huile utilisée : une huile d'olive vierge rendra un parfum fort, un peu âcre et, si vous y ajoutez de l'ail, vous aurez presque un aïoli. Pour une mayonnaise plus « neutre », utilisez moitié huile d'olive et moitié huile végétale.

Voici ma recette, elle est infaillible !

Pour 250 ml environ :
- *1 œuf entier (à température ambiante)*
- *1 cuillerée à café de sel*
- *2 cuillerées à café de moutarde forte*
- *2 dl d'huile d'olive*
- *poivre du moulin*
- *le jus d'un citron*

Dans le bol de votre mixer, mettez l'œuf, le sel et la moutarde. Branchez et mélangez bien.

Sans arrêter l'appareil, ajoutez l'huile très lentement pour l'incorporer au fur et à mesure. Votre mayonnaise doit épaissir.

Ajoutez le poivre puis le jus de citron, et goûtez pour rectifier l'assaisonnement à votre convenance.

Essentiel dans la préparation des moutardes et des vinaigrettes, le vinaigre est aussi indispensable pour les marinades et les conserves de câpres, de cornichons, etc.

SAUCE HOLLANDAISE

Malgré son nom il s'agit d'une sauce bien française, et de l'une des meilleures : de celles que l'on réserve pour les grandes occasions, de celles qui vous transforment n'importe quel légume simplement bouilli en mets délectable. Quant à moi, c'est avec les asperges que je la préfère.

Réussir une hollandaise, dit-on souvent, est une affaire délicate. Faux ! Avec un mixer, c'est un jeu d'enfant !

Pour 150 ml environ :
- *2 jaunes d'œuf*
- *2 cuillerées à café de jus de citron*
- *90 g de beurre*
- *sel et poivre du moulin*

Mettez vos jaunes d'œufs, le jus de citron et 2 cuillerées à café d'eau tiède dans le bol de votre mixer, branchez et battez jusqu'à ce que le mélange devienne mousseux.

Dans le même temps, faites fondre doucement le beurre dans une petite casserole. Attention, il ne doit pas cuire et rester blond.

Sans arrêter votre mixer, incorporez doucement le beurre fondu aux jaunes d'œufs, et continuez à battre quelques secondes encore.

Salez, poivrez à votre goût, et versez le mélange dans un bain-marie dont vous maintiendrez l'eau à peine frémissante. Tournez votre sauce sans discontinuer jusqu'à ce qu'elle épaississe.

Si vous ne la servez pas immédiatement, vous pouvez la conserver 1/4 d'heure dans son bain-marie, hors du feu, mais pensez à la remuer de temps en temps car elle risque de cuire encore sous la chaleur de l'eau, même hors du feu.

SAUCE CUMBERLAND

Cette sauce exquise, au parfum désuet, accompagne traditionnellement viandes et pâtés. Rien n'empêche d'en accommoder certains plats végétariens dont on trouvera les recettes dans ce livre : ainsi la tourte aux marrons, pommes et oignons, page 26.

On peut servir cette sauce froide ou chaude. Pour ma part, je la préfère froide.

Pour 300 ml environ :
- *1 citron non traité*
- *1 orange non traitée*
- *1 cuillerée à café de poudre de moutarde anglaise*
- *6 gouttes de sauce tabasco ou une pincée de poivre de Cayenne*
- *1/2 cuillerée à café de sel*
- *1 dl de porto*
- *120 g de gelée de groseille*

Prélevez les zestes de la moitié du citron et celui de la moitié de l'orange. Effilez-les aussi fin que possible. Ébouillantez-les 5 minutes, puis égouttez-les avant de les passer sous l'eau froide. Égouttez-les à nouveau et mettez de côté.

Dans une petite casserole, pressez le jus du citron et de l'orange. Ajoutez la moutarde, le tabasco (ou le poivre) et le sel et mélangez. Tous ces ingrédients doivent se dissoudre dans le jus. Ajoutez le porto, puis la gelée de groseille, et faites chauffer jusqu'à ébullition. Laissez frémir environ 5 minutes. Il faut que la gelée ait entièrement fondu.

Passez la sauce au chinois, ajoutez les zestes d'agrumes effilés. Réchauffez ou placez au frais, selon votre goût.

La sauce Cumberland est caractérisée par sa saveur aigre-douce.

BEURRE BLANC

Certains retirent les échalotes une fois qu'elles ont donné leur parfum. Moi, je préfère servir cette sauce non passée. Elle accommode fabuleusement tous les légumes et bien d'autres plats aussi.

Pour 300 ml environ :
- *2 échalotes finement hachées*
- *2 cuillerées à soupe de vin blanc sec*
- *2 cuillerées à soupe de vinaigre de vin blanc*
- *225 g de beurre coupé en petits dés (le beurre doit être froid)*
- *sel et poivre du moulin*

Dans une petite casserole, faites cuire doucement les échalotes, le vin et le vinaigre, jusqu'à ce que le mélange réduise d'un tiers. L'opération prend environ 5 minutes et le feu doit demeurer doux afin que les échalotes cuisent et rendent tout leur parfum.

Toujours à feu doux, incorporez le beurre. Procédez par deux petits morceaux à la fois, et attendez qu'ils aient fondu en tournant au fouet avant de rajouter les suivants. Si d'aventure le contenu de la casserole commençait à mousser, retirez du feu : le beurre serait trop chaud et votre sauce ne se lierait pas. Un beurre blanc doit demeurer très pâle, crémeux et émulsionné.

Goûtez pour assaisonner.

Cette sauce se sert tiède, et vous pouvez la maintenir à bonne température durant 1/4 d'heure au bain-marie.

HOUMMOS

C'est une recette à base de pois chiches et de tahin, très populaire dans tout le Moyen-Orient. On trouve aujourd'hui du hoummos dans les rayons de produits exotiques des bons supermarchés et dans les épiceries fines. Rien n'est plus facile cependant que d'en préparer soi-même.

Vous trouverez du tahin, pâte faite de graines de sésame, dans les magasins de diététique et dans certains supermarchés.

Pour 300 ml environ :
- *500 g de pois chiches en conserve soigneusement rincés et égouttés*
- *1 gousse d'ail écrasée*
- *2 cuillerées à soupe de tahin*
- *le jus d'1/2 citron*
- *sel*

Pour la garniture :
- *2 cuillerées à café d'huile d'olive*
- *1 pincée de paprika*
- *2 cuillerées à café de persil haché*

Mettez les pois chiches, l'ail, le tahin et le jus de citron dans le bol mélangeur de votre robot et mixez, pour obtenir une purée lisse. Assaisonnez selon votre goût.

Présentez le mélange dans un petit saladier et lissez la surface avec le dos d'une cuillère. Arrosez d'huile d'olive et saupoudrez de paprika et de persil haché.

GUACAMOLE

Cette délicieuse recette nous vient d'Amérique centrale et se prépare avec des avocats. Vous la servirez en apéritif avec des galettes salées, ou des crudités. Mais elle accompagne aussi très bien certains plats.

Pour une fois, je n'utilise pas mon mixer qui rendrait le guacamole trop liquide. Supprimez le piment si vous ne l'aimez pas ou, au contraire, forcez la dose...

Pour 250 ml environ :
- *1 gros avocat bien mûr*
- *120 g de tomates mûres grossièrement concassées*
- *1 gousse d'ail écrasée*
- *2 petits oignons frais hachés*
- *1 ou deux piments rouges hachés fin après en avoir ôté les graines.*
- *le jus d'1 citron (facultatif)*
- *1/2 cuillerée à soupe de feuilles de coriandre hachées.*
- *sel et poivre du moulin*
- *quartiers de citron vert et brins de coriandre pour la décoration*

Pelez l'avocat, enlevez le noyau et écrasez la chair à la fourchette.

Mélangez immédiatement avec tous les autres ingrédients. Salez et poivrez à votre goût.

Versez dans un petit saladier de service et décorez avec des brins de coriandre et des quartiers de citron vert.

TAPENADE
DE LENTILLES À LA TOMATE

Bien que très simple, cette recette est étonnamment savoureuse, surtout si vous la dégustez sur des toasts tièdes.

Suivant le fond de légumes que vous utiliserez, le goût en sera différent. Je préconise un bouillon fortement dosé en oignons.

Quant aux tomates, choisissez celles que l'on trouve séchées et conservées dans de l'huile.

Pour 450 g environ :
- *200 g de lentilles*
- *1/2 l de fond de légumes*
- *60 g de tomates séchées, bien égouttées de leur huile*
- *sel et poivre du moulin*
- *feuilles de basilic pour décorer*

Dans une casserole, mettez les lentilles dans le bouillon que vous amènerez lentement à ébullition.

Couvrez et laissez cuire à feu doux jusqu'à ce que tout le bouillon soit absorbé (comptez environ 15 à 20 minutes). Sur la fin de la cuisson, surveillez que les lentilles n'accrochent pas. Si, d'aventure, il restait trop de bouillon, achevez la cuisson à découvert.

Laissez refroidir vos lentilles, puis versez-les dans le bol de votre robot et mixez-les. Ajoutez les tomates. Mixez encore. Puis assaisonnez à votre goût avec sel et poivre.

Présentez la préparation ainsi obtenue dans un plat de service que vous garnirez de feuilles de basilic.

CAVIAR D'AUBERGINE AU SÉSAME

Pour son goût à peine fumé, je vous conseille cette préparation en apéritif, avec des galettes salées. Vous pouvez aussi la servir avec un farci de légumes au maigre. Éclaircie avec un peu de bouillon, elle fera une sauce délicieuse.

Pour 250 ml environ :
- *2 aubergines*
- *1 petit oignon doux finement haché*
- *2 gousses d'ail écrasées*
- *1 bonne cuillerée à soupe de tahin (voir recette du hommos, page 21)*
- *1 pincée de piment en poudre*
- *2 cuillerées à soupe de coriandre hachée*
- *sel et poivre du moulin*
- *2 cuillerées à café d'huile d'olive*

Préchauffez votre four à 200 °C (thermostat 6) et enfournez les aubergines 15 minutes. Elle doivent ramollir et se friper.

Sortez-les et laissez-les refroidir. Puis enlevez la peau pour ne garder que la pulpe (cette opération se fait très facilement avec une cuillère).

Écrasez cette pulpe et mélangez bien avec tous les autres ingrédients. Gardez seulement un peu de coriandre hachée.

Présentez ce « caviar » dans un petit saladier de service, arrosez-le d'huile d'olive, et décorez avec le reste de coriandre.

De gauche à droite : tarama de ricotta aux noix et poivrons rouges (page 24), crackers au maïs (page 82), tapenade de lentilles à la tomate et rillettes de champignons (page 24).

23

TARAMA DE RICOTTA AUX NOIX ET POIVRONS ROUGES

Voilà une préparation à la saveur très subtile : le goût un peu âcre des noix auquel s'ajoute le « piquant » du raifort exhale le parfum à peine sucré du poivron rouge.

La ricotta fraîche, ce fromage italien assez doux, se trouve chez tous les bons fromagers.

Pour 450 g environ :
- *1 cuillerée à soupe d'huile d'olive ou de noix*
- *2 poivrons rouges pelés et épépinés*
- *175 g de ricotta fraîche*
- *100 g de cerneaux de noix écrasés*
- *2 cuillerées à café de sauce au raifort*
- *sel et poivre du moulin*
- *huile végétale*

Préchauffez le gril de votre four. Recouvrez une de vos grilles d'un papier d'aluminium que vous aurez préalablement huilé. Placez-y vos poivrons, enfournez, et faites-les griller sur toutes leurs faces (ce qui implique de les retourner de temps en temps). La peau doit se boursoufler et noircir.

Sortez alors vos poivrons du four et laissez-les refroidir, avant de leur ôter la peau et de les épépiner par quartier. C'est une opération assez facile si les poivrons sont bien cuits, mais elle doit être menée de façon très rigoureuse : la peau et les pépins sont en effet fort indigestes.

Passez ensuite au mixer la chair des poivrons ainsi que tous les autres ingrédients. La préparation doit avoir la consistance d'une mousse.

Versez-la dans un plat creux de service et placez au réfrigérateur pendant au moins une heure.

Le tarama de ricotta se déguste ici avec des crackers au maïs (recette page 82)

RILLETTES DE CHAMPIGNONS

Avec cette préparation, attendez-vous à un franc succès de la part des amateurs de champignons. En vérité, ces « rillettes » ont un goût si prononcé que certains ont du mal à croire qu'elles ne contiennent pas de viande. Pour plus de saveur encore, ajoutez quelques champignons sauvages séchés et, dans les grandes occasions, utilisez des truffes !

Servez avec des toasts tièdes, des crackers d'apéritif ou des mini-blinis.

Pour clarifier un beurre, il suffit de le faire fondre dans une casserole à feu très doux, puis de le verser dans la préparation en prenant soin que le dépôt reste au fond de la casserole.

Pour 450 g environ :
- *2 cuillerées à café d'huile d'olive*
- *1 oignon finement haché*
- *250 g de champignons de Paris finement hachés*
- *1 gousse d'ail écrasée*
- *1 cuillerée à soupe de persil haché*
- *1 boîte de 500 g de haricots blancs rincés et égouttés*
- *sel et poivre du moulin*

Pour la garniture :
- *1 feuille de laurier*
- *1 ou 2 champignons émincés*
- *1 cuillerée à soupe de beurre clarifié*

Faites chauffer l'huile dans une poêle à revêtement anti-adhésif, et mettez les oignons à revenir à feu moyen pendant 5 minutes environ. Ils doivent devenir souples et translucides.

Ajoutez les champignons hachés, l'ail et le persil, et continuez à faire cuire en tournant de temps en temps, pendant 10 minutes encore. L'eau rendue par les champignons doit s'évaporer complètement. Salez, poivrez.

Avec votre robot, mixez cette préparation avec les haricots bien égouttés, pour obtenir une purée lisse et onctueuse.

Présentez-la dans une jolie petite terrine, tassez bien le dessus, puis décorez le centre avec la feuille de laurier que vous entourerez des champignons émincés.

Versez enfin votre beurre clarifié en prenant garde de ne pas abîmer votre présentation, et laissez au réfrigérateur au moins 4 heures. Ces rillettes sont encore plus savoureuses si vous ne les mangez que le lendemain.

DEUXIÈME PARTIE

Les Menus

Réussir un repas,
c'est réussir les plats qui le
composent et les équilibrer
en fonction de leur goût,
de leur teneur
et de leur consistance.
S'il est facile de combiner
harmonieusement
un repas traditionnel,
s'agissant d'un repas
végétarien, l'exercice peut
paraître déroutant au début.
Je vous ai donc préparé ce
travail en groupant mes recettes
selon différents « menus »
soigneusement composés
en fonction des impératifs
cités plus haut.
Chaque recette est prévue
pour 6 personnes.
Cependant vous devez vous
sentir libre et considérer ces
menus comme des guides
que vous modifierez
selon vos goûts,
les saisons et les occasions.
Bon appétit !

UN REPAS
DE FÊTE

*Voici un repas très sophistiqué,
tout indiqué pour un dîner
ou un déjeuner de Noël.
Mais il convient aussi pour
une fête entre amis ou toute
occasion exigeant raffinement,
élégance et apparat.
Un conseil cependant :
c'est un repas d'hiver
plus que d'été.*

SALADE ROUGE ET VERTE
AVEC FETA, NOIX
ET FRUITS À LA MOUTARDE

TOURTE AUX OIGNONS,
POMMES ET MARRONS
À LA SAUCE CUMBERLAND
CHOU ROUGE
BRAISÉ À LA HONGROISE
POMMES DE TERRE EN COQUILLE

GÉNOISE GLACÉE

SALADE ROUGE ET VERTE AVEC FETA, NOIX ET FRUITS À LA MOUTARDE

Il s'agit d'une de mes salades préférées. Vous pouvez la servir toute l'année, mais c'est en hiver que je l'apprécie le plus. À Noël surtout, sans doute à cause de ses feuilles vertes et rouges si joyeuses, et de ses fruits à la moutarde, scintillants comme les boules colorées qui décorent le sapin traditionnel.

Ces fameux fruits à la moutarde nous viennent d'Italie. Ce sont des fruits confits dans un sirop fortement parfumé à la moutarde. Dans leur pays d'origine, ils sont servis avec toutes les viandes, chaudes et froides. Mais la subtilité de leur saveur en fait un accompagnement délicieux pour de nombreux plats végétariens. Vous les trouverez dans les épiceries fines.

De même le vinaigre balsamique qui nous vient de Modène et dont le parfum est doux-amer.

- *400 g de fruits à la moutarde*
- *100 g de salade de pousses d'épinards (ou de mâche)*
- *100 g de salade trévisane*
- *2 cuillerées à soupe d'huile d'olive*
- *2 gousses d'ail émincées*
- *2 tranches de pain de mie coupées en petits cubes*
- *100 g de cerneaux de noix*
- *150 g de feta coupée en petits cubes*

Pour l'assaisonnement :
- *2 cuillerée à café de vinaigre balsamique*
- *2 cuillerées à soupe d'huile d'olive*
- *sel et poivre du moulin*

Égouttez bien vos fruits à la moutarde et conservez 2 cuillerées à café de leur sirop. Coupez-les grossièrement.

Dans une poêle, faites chauffer l'huile à feu doux, puis faites-y revenir doucement l'ail émincé et les croûtons jusqu'à ce que ces derniers soient bien dorés.

Jetez l'ail, et égouttez les croûtons sur du papier absorbant.

Disposez joliment vos feuilles de salade sur les assiettes. Ajoutez les croûtons refroidis, les noix et les fruits à la moutarde.

Préparez votre assaisonnement : mélangez bien tous les ingrédients listés plus haut ainsi que le sirop que vous avez réservé, et versez sur vos assiettes au moment de servir.

TOURTE AUX OIGNONS, POMMES ET MARRONS À LA SAUCE CUMBERLAND

Voilà une tarte fort originale dont la recette nous vient des Cévennes. Dans ce pays de montagne, les marrons furent longtemps la principale ressource, et les paysans inventèrent mille et une façons de les accommoder.

Cuire et peler les marrons est une tâche délicate ; c'est aussi très ennuyeux. Si vous n'avez pas le temps ou que l'effort vous rebute, utilisez des marrons non sucrés en conserve. Certains magasins proposent aussi des marrons au naturel sous vide.

- *500 g de pâte sablée (recette page 18)*

Pour la garniture :
- *1 cuillerée à soupe d'huile d'olive*
- *350 g d'oignons émincés*
- *500 g de pommes pelées auxquelles vous aurez ôté le cœur*
- *300 g de marrons cuits et pelés*
- *2 cuillerées à café de thym émietté*
- *2 cuillerées à café de feuilles de sauge fraîche hachées (ou 1 de sauge séchée)*
- *3 œufs*
- *sel et poivre du moulin*
- *1 cuillerée à soupe de lait pour le glaçage.*

Les marrons se marient très bien aux oignons et aux pommes dans cette tourte qui nous vient des Cévennes.

Préchauffez votre four à 200 °C (thermostat 6). Dans une sauteuse, faites chauffer l'huile et faites cuire doucement les oignons émincés. Ils doivent prendre une belle couleur brun doré.

Coupez les pommes en petits dés. Surtout n'utilisez pas votre mixer : vous obtiendriez de la purée ! Versez dans une terrine, et ajoutez vos oignons cuits.

Concassez grossièrement les marrons, ajoutez-les aux pommes et aux oignons, avec les herbes. Mélangez bien, et assaisonnez à votre goût. Battez 2 des œufs et ajoutez-les en mélangeant bien.

Étendez les 2/3 de votre pâte afin d'en tapisser un moule à manqué de 24 cm de diamètre. Remplissez avec votre mélange de fruits et d'oignons, et lissez bien.

Étendez le reste de pâte et recouvrez-en votre tarte comme d'un couvercle. Scellez les bords avec un peu d'eau et, s'il vous reste encore de la pâte, découpez-la en lanières pour décorer.

Battez le dernier œuf avec le lait et passez le mélange au pinceau sur le dessus de votre tourte afin d'obtenir un effet de glaçage.

Enfournez et laissez cuire 40 à 50 minutes. Votre tourte doit prendre une belle couleur dorée.

Servez chaud, accompagné de sauce Cumberland (recette page 20).

CHOU ROUGE BRAISÉ À LA HONGROISE

En Hongrie, on utilise, pour cette délicieuse recette, de la graisse d'oie ou du lard que j'ai, moi, remplacés par de l'huile d'olive. C'est aussi bon, sinon meilleur.

- *1 cuillerée à soupe d'huile d'olive*
- *1 oignon finement haché*
- *1 kg de chou rouge coupé en fines lanières*
- *2 cuillerées à soupe de vinaigre de vin blanc ou de cidre*
- *1 cuillerée à soupe de sucre en poudre*
- *1 feuille de laurier*
- *sel et poivre du moulin*
- *1/2 l de fond de légumes*

Dans une grande cocotte, faites chauffer l'huile à feu moyen et ajoutez les oignons afin qu'ils blondissent.

Ajoutez le chou, les autres ingrédients et le fond de légumes, et mélangez bien.

Amenez à ébullition, couvrez et laissez frissonner pendant 30 minutes au moins. Il faut que le chou devienne tendre. S'il reste trop de liquide, faites-le évaporer à gros bouillons, mais attention : ce plat ne doit pas être sec !

POMMES DE TERRE EN COQUILLE

Il s'agit tout simplement d'une variante des pommes rôties au four servies avec des viandes auxquelles elles servent traditionnellement de garniture. Pourquoi s'en priver sous prétexte de manger « végétarien » ? Au lieu de les faire rôtir dans la graisse, elles cuiront dans l'huile d'olive, et c'est encore meilleur.

Cette façon de les présenter, striées comme des coquilles, est très originale et vous vaudra sûrement beaucoup de compliments de vos invités.

- *3 cuillerées à soupe d'huile d'olive*
- *9 pommes de terre moyennes et de forme régulière*
- *gros sel*
- *poivre du moulin*

Préchauffez votre four à 200 °C (thermostat 6), recouvrez l'une de vos plaques de papier d'aluminium, et graissez-le.

Épluchez les pommes de terre, et coupez-les en deux dans le sens de la longueur. Ébouillantez-les 5 minutes, puis égouttez-les.

Placez chaque moitié de pomme de terre sur une planche à découper, face tranchée contre la planche.

À l'aide d'un couteau pointu et bien aiguisé, découpez des rainures sur les pommes de terre, tous les 1/2 cm, prenant soin de ne pas trancher jusqu'au bout afin que la moitié reste entière.

Placez vos pommes de terre sur la plaque du four préparée à cet effet et arrosez avec le reste d'huile d'olive. Il faut que l'huile pénêtre dans les rainures.

Laissez cuire au four pendant 1 heure au moins. Les pommes de terre doivent être dorées et croustillantes.

Environ 1/4 d'heure avant la fin de la cuisson, salez et poivrez selon votre goût.

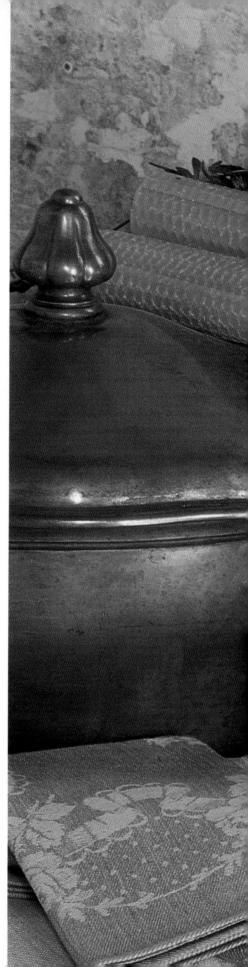

GÉNOISE GLACÉE

Cette recette toute simple me vient d'Australie où on la sert traditionnellement pour Noël. Il est vrai que, là-bas, les fêtes ont lieu au milieu de l'été, et qu'un dessert glacé est le bienvenu. Cependant, même sous nos latitudes, cette génoise insolite ravira vos convives, et constitue une heureuse alternative aux habituelles bûches de Noël.

En lieu et place de génoise, vous pouvez, si vous préférez, utiliser un quatre-quarts, voire un gâteau de Savoie. Vous ferez ces gâteaux, mais vous pouvez aussi en acheter en grande surface.

- *1/2 l de glace à la vanille*
- *1 génoise de 250 à 300 g grossièrement concassée*

Faites d'abord ramollir la glace : pour cela laissez-la hors du congélateur environ 1/4 d'heure.

Dans le bol mélangeur de votre mixer, versez la glace et la génoise concassée, et mixez très rapidement.

Versez le mélange dans un saladier de service, et remettez au congélateur le temps que l'appareil durcisse.

UN BUFFET D'APPARAT

*Ces amuse-gueule
vous changeront
des canapés classiques.
Délicieux, raffinés,
ils donneront, en outre,
une touche d'exotisme à
vos cocktails et réceptions.
Prévoyez 8 à 10 amuse-gueule
par personne.*

**BEIGNETS D'OLIVES
FOURRÉES AU CAMEMBERT**

**FEUILLES DE VIGNE
FARCIES À MA FAÇON**

MINI-PIZZAS

CRUDITÉS ET AMUSE-GUEULE

**BEURRECKS
AUX ÉPINARDS ET RICOTTA**

MINI-BLINIS

BEIGNETS D'OLIVES FOURRÉES AU CAMEMBERT

Beaucoup plus faciles à faire qu'on ne le croit, ces minuscules beignets sont exquis. Un conseil, pourtant : si vous n'avez personne pour les faire frire au dernier moment, passez un bon tablier par-dessus votre tenue de fête. Outre l'huile qui risque toujours de gicler et de vous tâcher, vous pourriez sentir la friture en rejoignant vos invités...

Je vous conseille aussi d'investir dans un dénoyauteur d'olives, ustensile très abordable et sans lequel il vaut mieux ne pas se lancer dans cette recette !

- *24 très grosses olives noires (généralement elles viennent de Grèce)*
- *50 g de camembert*
- *1 œuf battu*
- *3 cuillerées à soupe de chapelure*
- *3 cuillerées à soupe de farine*
- *huile végétale pour frire*

Dénoyautez les olives et remplissez la cavité obtenue avec un petit morceau de camembert.

Mettez la farine, l'œuf battu et la chapelure dans 3 assiettes différentes.

Roulez les olives farcies dans la farine, puis dans l'œuf battu et, enfin, dans la chapelure.

Dans une poêle, faites chauffer l'huile. Quand elle fume, jetez-y les olives farcies et laissez frire jusqu'à ce qu'elles prennent une belle couleur brun doré.

Égouttez quelques minutes sur du papier absorbant, et servez immédiatement après.

FEUILLES DE VIGNE FARCIES A MA FAÇON

Il s'agit d'un plat très courant en Grèce et en Turquie, où ces feuilles de vigne font traditionnellement partie des *mezze,* ces hors-d'œuvre variés que l'on trouve partout.

Si vous avez la chance de disposer de feuilles de vigne fraîches, ébouillantez-les 5 minutes. Sinon, vous en trouverez en conserve ou sous vide. Quoi qu'il en soit, n'oubliez pas de bien les essorer entre deux feuilles de papier absorbant avant de les cuisiner.

Servez avec ces feuilles de vigne du yaourt à la grecque piqué de quelques feuilles d'origan.

- *2 cuillerées à soupe d'huile d'olive*
- *1 gros oignon haché*
- *120 g de riz basmati rincé*
- *50 g de raisins de Corinthe*
- *50 g de pignons*
- *1 cuillerée à soupe de feuilles de menthe hachées (à défaut, prenez de l'origan, du persil ou de l'aneth)*
- *1/4 de l de fond de légumes*
- *225 g de feuilles de vigne*
- *le jus d'1 citron*
- *sel et poivre du moulin*

Faites chauffer une cuillerée à soupe d'huile dans une petite cocotte. Ajoutez l'oignon haché que vous laisserez cuire jusqu'à ce qu'il devienne translucide.

Mettez alors le riz et faites-le revenir doucement pour qu'il s'imprègne bien de l'huile. Couvrez et laissez cuire à feu doux en remuant de temps en temps pendant 5 minutes à peu près.

Ajoutez ensuite les raisins secs, les pignons, le fond de légumes et les herbes, et donnez 2 à 3 bons tours de moulin à poivre. Amenez à ébullition et laissez cuire à découvert jusqu'à ce que tout le liquide soit absorbé.

Disposez les feuilles de vigne bien à plat. Suivant leur taille, placez 1 ou 2 cuillerées à café du mélange de riz au centre de chacune, puis repliez les extrémités. Ne serrez pas trop la farce : le riz pendant la cuisson pourrait encore gonfler et faire éclater les feuilles.

Disposez vos feuilles farcies dans une grande casserole pourvue d'un couvercle (j'utilise une sauteuse). Arrosez-les du reste d'huile et du jus de citron et couvrez-les à peine d'eau chaude.

Fermez votre récipient et faites cuire à feu très très doux pendant une bonne heure. En cours de cuisson, assurez-vous qu'il reste assez de liquide, et le cas échéant, rajoutez-en.

Enlevez du feu, et laissez refroidir dans le récipient de cuisson avec le reste de liquide Puis égouttez et dressez sur le plat de service.

MINI-PIZZAS

Ces pizzas divines qui ne font qu'une bouchée se préparent non pas avec de la pâte à pain, mais avec de la pâte feuilletée que vous achèterez toute faite.

N'ayez pas peur d'en faire trop : je prends le pari qu'il ne vous en restera pas une seule !

Pour 48 mini pizzas :
- *350 g de pâte*
- *garniture au choix : tapenade au pistou, tomates et mozarella arrosées de quelques gouttes d'huile d'olive, rondelles de tomates séchées et olives noires, lanières de poivrons rouges grillés (recette page 24), petits tronçons d'avocat, etc.*

Préchauffez votre four à 220 °C (thermostat 7).

Étalez votre pâte et découpez des petits ronds à l'aide d'une roulette à pâtisserie, ou en utilisant un verre comme emporte-pièce.

Garnissez avec l'appareil de votre choix, et enfournez 7 à 10 minutes.

CRUDITÉS ET AMUSE-GUEULE

Les crudités sont très à la mode. Il faut en profiter : elles sont excellentes pour la santé et permettent de préparer des plats colorés à l'œil et fort appétissants.

Pour vos cocktails et réceptions, je vous propose de dresser plusieurs grandes assiettes avec les légumes crus les plus divers, coupés en morceaux de la taille d'une ou deux bouchées : radis et tomates naines, bien sûr, mais aussi petits oignons, cosses de céleri, concombre, chou éminé et – pourquoi pas ? – pois mange-tout, petits bouquets de chou-fleur et de brocoli ? Harmonisez les formes, les couleurs, bref, amusez-vous.

En saison, les petits pois frais aussi sont exquis à consommer crus : écossez-les et servez dans des petits bols comme des cacahuètes ou, si vous en avez le courage, enfilez-les sur des petits bâtonnets de bois comme des brochettes...

Pour accompagner ces crudités, il vous suffit de choisir, dans le chapitre *Pains, sauces et accompagnements*, les recettes des pages 21 à 24. Vous tremperez vos crudités dans ces différents amuse-gueule qui vous serviront de « dip », comme l'on dit aujourd'hui.

BEURRECKS AUX ÉPINARDS ET RICOTTA

Ces mini-rissoles faites avec de la pâte *filo* sont infiniment plus aisées à préparer qu'on ne l'imagine. Il suffit de prendre le coup pour plier la pâte et la sceller. Cela fait, à vous d'expérimenter les préparations dont vous les farcirez.

On trouve de la pâte filo dans les épiceries de luxe et dans certains supermarchés. Attention, elle sèche très vite. Aussi, quand vous en utilisez une feuille, réenroulez les autres et recouvrez d'un film transparent puis d'un torchon humide.

- *80 g de beurre fondu*
- *1 cuillerée à soupe d'huile d'olive*
- *1 petit oignon finement haché*
- *250 g d'épinards bien égouttés et finement hachés*
- *80 g de ricotta*
- *1 œuf*
- *1 cuillerée à soupe de pignons*
- *6 feuilles de pâte filo*
- *sel et poivre du moulin*

Préchauffez votre four à 180 °C (thermostat 4) et graissez une de ses tôles au beurre fondu à l'aide d'un pinceau.

Dans une sauteuse, faites chauffer l'huile, et mettez les oignons à revenir jusqu'à ce qu'ils blondissent et deviennent translucides.

Ajoutez les épinards et continuez la cuisson en remuant sans arrêt pendant encore 2 ou 3 minutes. Arrêtez le feu dès que les épinards commencent à accrocher. Il ne faut surtout pas trop les cuire sinon ils prendraient un goût âcre désagréable.

Versez le contenu de la sauteuse dans une terrine et laissez refroidir.

Dans une autre terrine, écrasez la ricotta à la fourchette, mélangez avec l'œuf et battez pour obtenir une substance à peu près lisse. Assaisonnez avec le sel et le poivre.

À ce mélange, ajoutez les pignons puis la préparation des épinards. J'avoue qu'à ce stade, l'appareil n'est guère appétissant, mais qu'importe...

Sur votre plan de travail, étendez dans le sens de la largeur une feuille de pâte filo et badigeonnez-la de beurre fondu avec un pinceau.

Coupez-la ensuite dans le sens de la longueur en 4 bandes égales et, à quelques centimètres de l'extrémité la plus proche de vous de chaque bande, placez deux bonnes cuillerées à café du mélange que vous avez préparé.

Travaillez ensuite une bande à la fois : repliez l'extrémité la plus longue en diagonale sur l'autre, puis inversement jusqu'à épuisement de la bande, et de sorte à former un triangle.

Ce travail terminé, placez tous vos petits paquets sur la plaque que vous avez préparée, et recommencez avec une autre feuille de pâte filo, jusqu'à épuisement de l'appareil aux épinards.

Versez ensuite le reste de beurre fondu sur vos beurrecks et enfournez 40 à 45 minutes. Servez très chaud.

MINI-BLINIS

Contrairement à la recette russe originale, ma recette de pâte à blinis comporte de la levure et non du levain. La pâte lève ainsi plus vite et plus facilement, et son goût, à mon avis, ne s'en trouve pas altéré.

Garnissez les blinis à votre guise. Je conseille de les tartiner d'abord de crème épaisse ou de fromage blanc, ou encore de yaourt à la grecque. Ajoutez alors de l'œuf dur, des oignons et des cornichons à la russe grossièrement hachés, ou des câpres et des cornichons au vinaigre.

Vous pouvez aussi les garnir avec les préparations dont les recettes figurent pages 21 à 24.

Pour 48 mini-blinis :
- *225 g de farine*
- *1 grosse cuillerée à soupe de levure*
- *2 cuillerées à café de sel*
- *2,75 dl de lait*
- *2 œufs battus*
- *poivre du moulin*
- *huile végétale pour la cuisson*
- *garniture au choix*

Mélangez dans une terrine la farine, la levure, le sel, et donnez 2 ou 3 tours de moulin à poivre. Ajoutez le lait et les œufs, et battez bien pour obtenir une pâte fluide très lisse.

Avec l'huile végétale, graissez à peine une petite poêle que vous placerez sur un feu modéré. Dès qu'elle est chaude, versez 4 fois la valeur d'1/2 cuillerée à soupe de pâte. Cuisez ainsi vos blinis 2 à 3 minutes en les retournant une fois. Retirez-les de la poêle lorsqu'ils ont une belle couleur dorée sur chaque côté.

Vous pouvez les servir chauds en les maintenant à four très doux entre deux assiettes. Moi, je les préfère froids, et j'en surgèle même lorsque j'en fais en surnombre.

UN PETIT DÉJEUNER FASTUEUX

De temps en temps,
offrez-vous un petit déjeuner
de fête : choisissez de préférence
un dimanche matin,
et conviez quelques amis
si le cœur vous en dit.
Les recettes qui suivent vous
permettront de conserver
la tradition des « vrais »
petits déjeuners.

MUFFINS AUX FRUITS DE LA PASSION

PAINS PERDUS À LA BANANE
AVEC COMPOTE DE FRUITS SECS

ŒUFS POCHÉS
SUR CANAPÉS DE POMMES DE TERRE,
SAUCE HOLLANDAISE

FROMAGE BLANC FRAIS
À LA MOUSSE DE MELON

MUFFINS AUX FRUITS DE LA PASSION

Ces muffins dont je tiens la recette d'un ami américain sont exquis si on les mange à peine sortis du four. Ils sont très faciles à faire et vous changeront agréablement des brioches de pâtissier.

- *50 g de beurre fondu, et un petit peu plus pour graisser vos moules*
- *250 g de farine*
- *2 grosses cuillerées à café de levure*
- *1 cuillerée à café de sel*
- *2 cuillerées à café de sucre*
- *le jus et la pulpe de 4 fruits de la passion*
- *2,5 dl de lait*
- *1 œuf battu*

A servir en accompagnement :
- *beurre, fromage blanc, yaourt à la grecque, crème aigre*
- *confitures et gelées, ou encore des fruits de la passion frais ou en conserve*

Préchauffez votre four à 220 °C (thermostat 7) et beurrez 12 petits moules à charlotte (vous pouvez aussi utiliser des moules en papier sulfurisé).

Dans une terrine, mélangez la farine, la levure, le sel et le sucre. Dans une autre, tous les ingrédients restants.

Versez les ingrédients liquides dans la farine, et mélangez sans travailler. Attention, tout doit se faire très vite !

Remplissez vos petits moules avec cette préparation, enfournez et laissez cuire 20 à 25 minutes. Vos muffins doivent lever et prendre une belle couleur dorée. Avec un couteau, assurez-vous qu'ils sont cuits.

Une fois sortis du four, laissez-les refroidir à peine 1 à 2 minutes et servez-les chauds.

Présentez-les avec du beurre, des confitures et gelées diverses et, si le cœur vous en dit, du fromage blanc, du yaourt à la grecque, ou encore de la crème aigre.

PAINS PERDUS À LA BANANE AVEC COMPOTE DE FRUITS SECS

Voilà un petit déjeuner sain et savoureux. Le pain à la banane peut se préparer la veille. La compote aussi.

- *3 œufs battus*
- *3 cuillerées à soupe de lait*
- *6 tranches de pain à la banane (recette page 17) d'environ 1,5 cm d'épaisseur*
- *90 g de beurre*
- *crème fraîche ou yaourt à la grecque*

Pour la compote :
- *250 g de pruneaux d'Agen séchés*
- *250 g d'abricots secs*
- *1/2 l de jus d'orange (si vous utilisez du jus en conserve, prenez du non sucré)*
- *2 cuillerées à soupe de marmelade d'oranges*

Préparez votre compote la veille : mettez tous les ingrédients dans une cocotte en fonte. Amenez à ébullition. Baissez le feu, couvrez, et laissez frissonner 1/2 heure en remuant de temps en temps. Retirez du feu et faites refroidir.

Le lendemain, battez les œufs avec le lait dans une assiette creuse. Trempez-y les tranches de pain à la banane. Celles-ci doivent bien s'imprégner du mélange.

Faites fondre le beurre dans une poêle à feu modéré, et mettez à revenir vos tranches jusqu'à ce qu'elles soient bien dorées. Égouttez quelques secondes sur du papier absorbant, et coupez chaque tranche en 2.

Faites tiédir la compote à feu très doux.

Disposez vos demi-tranches sur les assiettes et garnissez-les de compote, ainsi que de crème fraîche et de yaourt, si vous aimez.

ŒUFS POCHÉS SUR CANAPÉS DE POMMES DE TERRE, SAUCE HOLLANDAISE

Les galettes (ou canapés) de pommes de terre sont un grand classique. Je « corse » les miennes en y ajoutant de l'oignon frais haché.

Pour bien des gens, pocher des œufs constitue une entreprise insurmontable : le blanc de l'œuf se disperse quand on plonge ce dernier dans l'eau, si bien que le jaune ne tarde pas à crever, et tout est à recommencer. Mon conseil : n'utilisez que des œufs de première fraîcheur et vinaigrez légèrement votre eau de cuisson qui doit à peine frémir, mais surtout ne la salez pas.

- *500 g de pommes de terre en purée (soit environ 750 g de pommes de terre crues)*
- *2 oignons frais finement hachés*
- *7 œufs très frais*
- *1 cuillerée à café de sel*
- *120 g de farine*
- *2 cuillerées à café de levure*
- *2 cuillerées à café de vinaigre*
- *environ 1,5 dl de sauce hollandaise (recette page 20)*
- *poivre du moulin*
- *huile végétale pour frire*

Dans une grande terrine, mélangez les pommes de terre en purée avec les oignons hachés ainsi qu'un œuf, le sel et le poivre selon votre goût.

Incorporez la farine à laquelle vous aurez mélangé la levure, et opérez progressivement : votre pâte ne doit pas être trop dure. Au besoin ne mettez pas toute la farine.

Étalez cette pâte sur une abaisse d'environ 1,5 cm d'épaisseur, puis à l'aide d'un emporte-pièce rond (ou d'un verre) d'à peu près 8 cm de diamètre, découpez 6 galettes. Utilisez vos tombées de pâtes après les avoir retravaillées, si nécessaire.

Faites chauffer un peu d'huile dans une poêle et mettez à frire vos galettes. Il faut les laisser cuire environ 5 minutes de chaque côté pour qu'elles prennent une belle couleur dorée. L'extérieur doit être croustillant, mais attention de ne pas trop les cuire afin que l'intérieur demeure moelleux. Gardez vos galettes au chaud.

Remplissez une casserole d'eau et ajoutez le vinaigre. Portez à ébullition et baissez le feu de sorte que l'eau frémisse seulement. Pochez les 6 œufs restants 2 par 2, pas davantage. Pour plus de facilité, utilisez une louche pour les plonger dans l'eau.

Lorsqu'ils sont cuits à votre goût, sortez-les délicatement à l'écumoire, et égouttez-les bien sur un torchon plié en 4. Conservez-les au chaud (sur un bain-marie, par exemple).

Une fois tous vos œufs cuits, disposez sur chaque assiette un canapé de pommes de terre sur lequel vous placerez un œuf poché. Puis recouvrez de sauce hollandaise, et servez immédiatement.

FROMAGE BLANC FRAIS À LA MOUSSE DE MELON

Le fromage blanc frais est un aliment bien pratique dans la cuisine moderne. Il en existe de toutes sortes, toutes consistances, et l'on peut même choisir son pourcentage de matières grasses. Or, même quand il est à 0 %, on a l'impression de manger un fromage crémeux !

En outre, son goût à peine laiteux se marie fort bien avec la plupart des préparations culinaires à base de légumes. Et, bien sûr, dans les régimes basses calories, il remplace commodément la crème fraîche. Au petit déjeuner ou en dessert, n'hésitez pas à y mélanger des fruits frais ou du sirop.

- *600 à 700 g de chair de melon (c'est-à-dire un melon de taille moyenne)*
- *2 cuillerées à café de gingembre en poudre*
- *500 g de fromage blanc frais (Fontainebleau, par exemple)*

Pour la décoration :
- *bâtonnets de gingembre, feuilles de menthe fraîche, zestes de citron vert et, pourquoi pas, des fleurs*

Passez la chair du melon au mixer avec le gingembre en poudre. Placez au réfrigérateur 2 heures au moins. Si vous préparez votre mousse la veille, laissez-la au froid toute la nuit, elle n'en sera que meilleure.

Répartissez votre fromage blanc dans 6 petits bols ou coupelles (des verres ballons aussi présentent très bien), et recouvrez de mousse de melon.

Décorez avec les bâtonnets de gingembre grossièrement concassés, les feuilles de menthe ou les fleurs que vous aurez choisies.

L'œuf est un aliment par lui-même, que l'on cuisine sous les formes les plus diverses et avec toutes sortes de garnitures.

UN DÉJEUNER
SUR L'HERBE

*J'ai conçu le menu ci-dessous
pour vos repas de plein air.
Quoi de plus agréable que de
déjeuner dehors l'été ?
Suivant les occasions,
que vous soyez en famille ou
entre amis, adaptez ce menu :
tous les plats qu'il comporte
se dégustent froids
et se préparent à l'avance.*

**TARTE DORÉE AUX CHAMPIGNONS
FLAN AU FROMAGE, MAÏS ET OIGNONS**

**SALADE RUSSE
BETTERAVES ROUGES À LA CRÈME AIGRE
ET AUX FINES HERBES
SALADE À LA GRECQUE**

**BROWNIES AU CHOCOLAT,
AVEC CRÈME AU MIEL
ET FRUITS ROUGES**

TARTE DORÉE AUX CHAMPIGNONS

Cette recette me vient d'Ursula Ferrigno, une cuisinière de grande classe qui enseigne la cuisine végétarienne à Altrincham, dans le Cheshire.

Ursula est italienne d'origine, et s'est fait une spécialité des plats du terroir italien à base de légumes. Il faut dire que les recettes ne manquent pas. Il est vrai que les Italiens adorent cuisiner et que, végétariens ou pas, ils sont très friands de légumes.

Quant à moi, Dieu sait pourquoi, je croyais ne pas aimer la pâte faite avec de la farine complète. Et puis, un jour, j'ai goûté cette tarte aux champignons de mon amie Ursula, et j'ai changé d'avis...

Pour la pâte :
- *120 g de farine complète*
- *2 cuillerées à café de levure*
- *1 bonne pincée de sel*
- *2 cuillerées à café de sucre brun*
- *60 g de beurre*
- *1 cuillerée à soupe d'huile d'olive*

Pour la garniture :
- *2 cuillerées à soupe d'huile d'olive*
- *1 tête d'ail : vous pèlerez les gousses mais vous les laisserez entières*
- *2 oignons hachés fin*
- *2 cuillerées à café de persil haché*
- *1 cuillerée à café de paprika*
- *30 g de beurre*
- *225 g de champignons émincés*
- *2 cuillerées à soupe de yaourt ou de fromage blanc lisse*
- *1 œuf battu*
- *sel et poivre du moulin*

Commencez par la pâte : dans une terrine, mettez la farine avec la levure, le sel et le sucre brun. Ajoutez progressivement le beurre ramolli et incorporez le mieux possible. Mouillez avec 3 cuillerées à soupe d'eau froide et l'huile, et travaillez pour former une boule de pâte (vous pouvez aussi utiliser votre robot s'il comporte un batteur spécial). Laissez reposer 1/2 heure au moins.

Étalez votre pâte et foncez un moule de 23 cm de diamètre, à bord haut et fond amovible.

Préparez votre garniture : faites chauffer la moitié de l'huile à feu modéré dans une petite cocotte, et mettez à revenir les gousses d'ail pendant 3 minutes en les remuant souvent. Ajouter 3 dl d'eau, salez et poivrez, puis couvrez et laissez cuire à feu doux 45 minutes. Mixez ensuite le contenu de la cocotte.

Préchauffez votre four à 200 °C (thermostat 6). Dans une cocotte, faites chauffer à feu doux le reste de votre huile, et mettez à revenir les oignons et le persil 10 minutes environ, en remuant souvent.

Couvrez et laissez cuire 15 minutes en prenant garde que le contenu de la cocotte n'attache pas. Ajoutez le paprika, salez, poivrez, puis incorporez la préparation à l'ail. Faites cuire le mélange à feu vif 2 à 3 minutes afin qu'il réduise et prenne une consistance crémeuse.

Faites fondre le beurre dans une poêle, et jetez-y les champignons. Laissez cuire 5 à 10 minutes. Il faut qu'ils aient rendu toute leur eau et deviennent tendres. Assaisonnez et ajoutez une cuillerée à soupe de yaourt ou fromage blanc.

Battez le reste de yaourt ou de fromage avec l'œuf et assaisonnez.

Enfournez le fond de tarte vide et laissez cuire 5 minutes. Remplissez-le ensuite avec l'appareil de champignons, recouvrez avec la préparation à l'ail et versez enfin le mélange de yaourt (ou fromage blanc) et d'œuf. Réenfournez et laissez cuire 20 minutes.

Servez chaud, tiède ou froid.

FLAN AU FROMAGE, MAÏS ET OIGNONS

Voilà une recette très ancienne et infiniment moins riche que la traditionnelle quiche lorraine. Elle comporte moins d'œufs et, à la place de la crème, on utilise du lait. Elle n'en est pas moins exquise et si facile à faire que c'en est un plaisir !

- *225 g de pâte sablée (recette page 18)*
- *60 g de beurre*
- *2 gros oignons hachés*
- *2 cuillerées à café de moutarde en poudre*
- *1 petite cuillerée à soupe de farine*
- *3 dl de lait*
- *60 g de gruyère ou de comté râpé*
- *1 œuf battu*
- *120 g de maïs doux, bien égoutté s'il est en conserve*
- *sel et poivre du moulin*

Préchauffez votre four à 200 °C (thermostat 6). Étalez votre pâte et foncez un moule de 23 cm de diamètre à bord haut et fond amovible. Mettez au frais.

Dans une casserole à fond épais, faites fondre le beurre à feu doux, et mettez les oignons à revenir pendant 5 à 10 minutes, en remuant sans arrêt. Il faut qu'ils blondissent.

Ajoutez la moutarde et la farine, mélangez bien puis versez progressivement le lait et amenez à ébullition sans cesser de remuer. Baissez le feu et laissez cuire doucement 2 à 3 minutes.

Ajoutez le fromage, ôtez la casserole du feu et laissez refroidir 2 à 3 minutes. Incorporez l'œuf et le maïs, salez, poivrez.

Versez cet appareil dans le fond de tarte et mettez au four 30 à 40 minutes. La garniture doit prendre un beau ton doré.

SALADE RUSSE

J'ai longtemps détesté la salade russe qui, pour moi, conservait de désagréables relents de macédoine de légumes en conserve. Et puis un jour, j'ai découvert aux puces un vieux livre de cuisine écrit par une certaine Mme Alured Kelly, cuisinière au temps de la reine Victoria. La chère dame y décrivait sa façon de confectionner la salade russe et, de ce jour, ce plat est devenu l'un de mes favoris.

Ingrédients :
- *petits pois, haricots verts, carottes, navets, petites pommes de terre nouvelles en égales quantités et à peine bouillis*

Coupez en petits dés les ingrédients et mélangez bien avec de la mayonnaise.

BETTERAVES ROUGES À LA CRÈME AIGRE ET AUX FINES HERBES

Je trouve cette salade spectaculaire tant par son goût que par sa présentation. Le vert vif des fines herbes tranche avec bonheur sur le rouge sombre de la betterave, et son goût varie en fonction des fines herbes choisies. N'hésitez pas à mélanger : persil, cerfeuil, ciboulette, estragon, coriandre, basilic, marjolaine, etc.

- *250 g de betteraves coupées en dés*
- *2 cuillerées à soupe de crème aigre ou de yaourt à la grecque*
- *1 cuillerée à soupe de fines herbes hachées*
- *sel et poivre du moulin*

Mélangez la betterave avec la crème ou le yaourt, salez, poivrez.

Mettez dans le plat de service et saupoudrez de fines herbes.

SALADE À LA GRECQUE

Tous ceux qui ont voyagé en Grèce en été connaissent cette salade mélangée si fraîche, si savoureuse.

J'en ai mangé tous les jours pendant un mois, sur une petite île de la Mer Egée où je passais des vacances et, de retour chez moi, je n'ai eu de cesse de continuer. Il faut dire que pour moi, cette salade évoque le ciel, la mer bleue et ces minuscules maisons blanchies à la chaux que l'on trouve dans les îles grecques, sans parler de la lumière éblouissante...

Il s'agit d'une salade d'été, aussi n'essayez pas de la préparer en hiver. Le goût des crudités ne serait plus le même, leur parfum non plus.

Si vous préparez votre salade à l'avance, sortez-la du réfrigérateur au moins 1/2 heure avant de la servir et, si vous voulez en faire le plat principal, doublez les quantités.

- *3 tomates épépinées et grossièrement coupées en morceaux*
- *250 g de feta émiettée*
- *1/2 concombre coupé en dés*
- *1 oignon doux émincé*
- *1 poivron rouge, 1 vert et 1 jaune épépinés et coupés en lanières (facultatif)*
- *80 g d'olives noires*
- *2 cuillerées à soupe d'huile d'olive*
- *sel et poivre du moulin*
- *6 quartiers de citron*

Mettez toutes les crudités avec les olives et le fromage dans un saladier. Assaisonnez et arrosez avec l'huile d'olive. Mélangez bien.

Disposez les quartiers de citron autour de la salade. Chaque convive en ajoutera le jus dans son assiette, à son goût.

BROWNIES AU CHOCOLAT, AVEC CRÈME AU MIEL ET FRUITS ROUGES

Qui n'a pas « sa » recette de brownies au chocolat ? Certains les aiment souples, presque collants, d'autres au contraire les préfèrent secs, très cuits. Les uns y ajoutent des noix, d'autres des fruits confits. On les sert froids parfois, tièdes aussi.

Ma version de ce succulent dessert est particulièrement légère, agrémentée de noix qui la rendent croustillante. On peut déguster « mes » brownies pour le thé ou en dessert, à la fin d'un repas raffiné : ils ne dépareront pas.

- *115 g de beurre plus de quoi graisser le moule*
- *115 g de farine*
- *100 g de chocolat noir à cuire, fondu*
- *1/2 cuillerée à café de levure*
- *1/2 cuillerée à café de sel*
- *115 g de sucre*
- *2 œufs*
- *1 cuillerée à café d'extrait de vanille*
- *2 cuillerées à soupe de lait*
- *60 g de cerneaux de noix concassés*

Pour servir :
- *1,5 dl de crème fraîche*
- *2 cuillerées à café de miel liquide*
- *350 g de fruits rouges (fraises, framboises, fraises des bois, etc.) ou fruits de saison*

Préchauffez votre four à 180 °C (thermostat 4). Beurrez au pinceau un moule carré de 20 cm de côté, puis farinez-le.

Faites fondre le chocolat au bain-marie ou au micro-ondes et laissez refroidir.

Sur une feuille de papier sulfurisé, placez la farine en fontaine avec la levure et le sel. Mélangez le tout.

Faites fondre le beurre et, dans un bol, battez-le avec le sucre pour obtenir un mélange crémeux et léger (je me sers de mon batteur électrique). Toujours en battant, incorporez 1 œuf, puis l'autre et la vanille. Versez ce mélange dans le chocolat fondu et battez encore.

Incorporez progressivement la farine, puis le lait. Mélangez bien. Ajoutez les cerneaux de noix concassés.

Versez cette préparation dans votre moule et faites cuire au four 30 à 35 minutes. Vérifiez la cuisson avec une lame de couteau.

Une fois cuit, démoulez votre gâteau en le décollant du moule avec un couteau. Laissez refroidir puis tranchez-le en 6 portions égales.

Disposez un morceau de brownie sur chaque assiette. Battez la crème avec le miel et nappez-en chaque brownie. Ajoutez les fruits.

UNE RENCONTRE INTERNATIONALE

*Ce menu éclectique allie
les traditions culinaires
française, italienne, américaine
et australienne.
Il compose un repas
mémorable dont vos invités
se souviendront longtemps.
Rassurez-vous toutefois,
les recettes sont rapides
et faciles à exécuter.*

SOUPE À L'OIGNON

GÂTEAU DE CHOU
SAUTÉ DE PATATES DOUCES
CAROTTES BRAISÉES À L'HUILE D'OLIVE,
AIL ET ROMARIN

PÊCHES PAVLOVA

SOUPE À L'OIGNON

Ce sont les couche-tard parisiens qui ont rendu cette délicieuse soupe si célèbre. Du temps où les Halles étaient encore au centre de Paris, petits cafés et restaurants du quartier restaient ouverts toute la nuit et servaient la classique soupe à l'oignon pour le plus grand bonheur de leurs clients.

Certains l'aiment gratinée. Personnellement, je préfère préparer mes croûtons à part ; ils sont ainsi moins détrempés.

- *60 g de beurre*
- *2 cuillerées à café d'huile végétale*
- *750 g d'oignons finement émincés*
- *1 cuillerée à soupe de farine*
- *1,5 l de fond de légumes*
- *6 tranches de pain*
- *60 g de gruyère ou d'emmenthal rapé*
- *sel et poivre du moulin*

Dans une grande cocotte, faites fondre le beurre avec l'huile à feu très doux, et mettez les oignons à cuire 20 à 30 minutes en les remuant de temps en temps. Arrêtez la cuisson lorsqu'ils sont d'une belle couleur mordorée, mais attention qu'ils ne brûlent pas !

Ajoutez la farine, mélangez et laissez cuire 1 minute.

Versez le bouillon en remuant vivement, amenez à ébullition et laissez frissonner 20 minutes. Assaisonnez à votre goût.

Pendant que la soupe cuit, préchauffez le gril de votre four.

Juste avant de servir, faites légèrement griller vos tranches de pain de chaque côté, puis recouvrez-les de fromage rapé, et réenfournez jusqu'à ce que le fromage ait fondu.

Versez la soupe dans des bols à potage, et placez sur chacun un toast au fromage. Servez tout de suite.

GÂTEAU DE CHOU

Rapide et enfantin à préparer, ce « gâteau », grâce à sa présentation spectaculaire, est un plat tout indiqué pour un dîner raffiné.

Si vous ne trouvez pas d'aneth, remplacez-le par de l'estragon, du cerfeuil, du persil ou de la ciboulette. Quant aux pignons de pin, vous pouvez leur substituer des cerneaux de noix ou des cacahouètes grossièrement pilées.

- *2 cuillerées à soupe d'huile d'olive, et de quoi graisser votre plat*
- *250 g de chou émincé, et 6 belles feuilles entières*
- *2 oignons hachés*
- *3 gousses d'ail écrasées*
- *250 g de champignons hachés*
- *250 g de chair d'aubergine en dés légèrement frits*
- *60 g de pignons de pin*
- *120 g de chapelure*
- *sel et poivre du moulin*
- *3 œufs*
- *250 g de ricotta*
- *2 cuillerées à café d'aneth frais hachés*

Préchauffez votre four à 200 °C (thermostat 6) et graissez à l'huile un moule rond à bord haut de 20 cm de diamètre.

Faites blanchir pendant 5 minutes les feuilles de chou entières dans une grande casserole d'eau bouillante salée. Égouttez-les et passez-les sous l'eau froide afin de les rafraîchir. Égouttez à nouveau, et séchez-les avec du papier absorbant.

À l'aide d'un couteau pointu, ôtez la nervure dure au centre de chaque feuille, puis tapissez le fond et les bords de votre moule avec ces feuilles « dénervées »que vous laisserez dépasser au-delà des bords, afin de pouvoir recouvrir votre « gâteau », quand vous aurez versé votre appareil.

Dans une cocotte, faites chauffer l'huile à feu moyen, et mettez l'oignon, l'ail et les champignons. Laissez cuire 10 à 15 minutes jusqu'à ce que le mélange s'attendrisse et se lie. Versez ensuite le contenu de la cocotte dans une terrine, ajoutez le chou émincé, les aubergines, les pignons et la chapelure. Mélangez, salez, poivrez.

Laissez refroidir cette préparation quelques minutes puis battez 2 des œufs et ajoutez-les.

Dans une autre terrine, battez vivement la ricotta avec le dernier œuf, et l'aneth (pour cette opération, j'utilise mon mixer). Salez, poivrez.

Versez la moitié de votre préparation au chou dans votre moule tapissé comme expliqué plus haut. Recouvrez avec le mélange de fromage italien, puis versez le reste de l'appareil au chou. Rabattez les feuilles de chou que vous aviez laissé dépasser afin de bien enfermer votre préparation et former ainsi un « gâteau » net.

Recouvrez de papier d'aluminium et laissez cuire au four 1 heure.

Démoulez et servez chaud ou tiède.

Ci-contre, en haut, quelques plats venant de différents pays : soupe à l'oignon, gâteau au chou et carottes braisées à l'huile d'olive, ail et romarin.

SAUTÉ DE PATATES DOUCES

Voici l'une de mes recettes américaines préférées. Les patates douces à chair orangée se reconnaissent facilement à leur peau d'un beau brun roux, alors que les patates à chair blanche – à mon avis moins savoureuses – ont une peau lie-de-vin.

- *1,5 kg de patates douces à chair orangée non pelées*
- *180 g de beurre*
- *sel et poivre du moulin*

Préchauffez votre four à 180 °C (thermostat 4) et faites cuire les patates dans leur peau 45 minutes.

Pendant ce temps, clarifiez le beurre en le faisant fondre à feu très doux. Laissez ensuite refroidir et reposer puis, avec beaucoup de précautions, versez-le dans un bol, prenant garde que le dépôt reste au fond de la casserole.

Quand vos patates auront refroidi, pelez-les et coupez-les en dés.

Mettez le beurre clarifié à chauffer dans une grande poêle ou un wok, et faites sauter les patates 5 à 10 minutes. Elles doivent prendre un beau ton doré, et paraître croustillantes.

Assaisonnez puis mettez dans un plat chaud et servez tout de suite.

CAROTTES BRAISÉES À L'HUILE D'OLIVE, AIL ET ROMARIN

Cette recette est très simple, mais les carottes doivent cuire lentement afin de garder tout leur arôme. N'hésitez pas à servir ce plat froid en hors-d'œuvre.

- *2 cuillerées à soupe d'huile d'olive*
- *700 g de carottes débitées en petits bâtonnets*
- *2 gousses d'ail écrasées*
- *le jus et le zeste d'1 citron non traité*
- *1 cuillerée à café de feuilles de romarin frais hachées*
- *sel et poivre du moulin*
- *1 petite branche de romarin pour décorer (facultatif)*

Placez tous les ingrédients dans une cocotte. Ne gardez que la moitié du jus de citron.

Couvrez et laissez cuire à feu très, très doux pendant 1 heure, en remuant de temps en temps. Si, d'aventure, les carottes attachent, ajoutez un peu d'eau.

Servez après avoir enlevé le zeste de citron, et ajouté le reste de jus.

PÊCHES PAVLOVA

Il s'agit d'un dessert à proprement parler suave, qui nous vient d'Australie, et doit son nom à la célèbre danseuse, parce qu'une fois, elle dansa là-bas. La légende veut qu'on lui ait alors servi cette divine préparation et qu'elle s'en soit régalé. Si la première proposition est vraie, la seconde l'est aussi, car à mon avis, ce dessert confine à la perfection.

- *6 blancs d'œufs*
- *300 g de cassonade*
- *1 pincée de sel*
- *1 cuillerée à café de vinaigre*
- *3 dl de crème fraîche battue en chantilly*
- *6 petites ou 4 grosses pêches pelées, dénoyautées et coupées en fines tranches*

Préchauffez votre four à 150 °C (thermostat 2).

Découpez 2 cercles de papier d'aluminium d'environ 25 cm de diamètre, placez-les sur la plaque de votre four, et huilez-les légèrement au pinceau.

Battez en neige vos blancs d'œufs avec la moitié de la cassonade, le sel et le vinaigre. Ils faut qu'ils soient très durs. Ajoutez le reste de cassonade et mélangez rapidement avec une fourchette.

Étalez vos blancs en neige sur les 2 cercles de papier d'aluminium, et lissez bien le dessus. Prenez garde de laisser 2 bons centimètres de papier d'aluminium libres.

Faites cuire 1/2 heure, puis abaissez la température du four à 130 °C (thermostat 1) et laissez encore 1/2 heure.

Sortez vos cercles de meringue, laissez refroidir, puis enlevez délicatement le papier d'aluminium.

Sur le plat de service, placez un cercle de meringue et nappez avec la moitié de la crème fouettée. Disposez sur cette préparation la moitié des tranches de pêches et recouvrez avec le second cercle de meringue. À son tour, nappez celui-ci du reste de crème et disposez les tranches de pêches restantes en cercles concentriques, comme l'on fait pour une tarte aux pommes.

La saison des pêches va de la fin du mois de mai au mois de septembre. Les pêches blanches sont plus parfumées mais plus fragiles que les pêches jaunes.

UN REPAS PRÉPARÉ D'AVANCE

*J'ai concocté ce menu
pour le cas où vous donneriez
un dîner en milieu de semaine,
sans avoir beaucoup de temps
à consacrer à la cuisine
de dernière minute.
Tous les plats
que vous trouverez ci-dessous
peuvent se préparer la veille
ou même l'avant-veille.*

POTAGE EN JULIENNE À L'AIL

**POIVRONS FARCIS À L'ITALIENNE
SALADE DE FEUILLES DE CHÊNE**

**GÂTEAU AUX ÉPICES DE JOAN
GLACÉ AU SUCRE BRUN**

POTAGE EN JULIENNE À L'AIL

Cette soupe toute simple, très rustique,
régalera vos invités ou votre famille, bien
entendu. Surtout ne soyez pas timoré sur
la quantité d'ail : celui-ci, quand il est
blanchi, perd son âpreté pour ne
conserver que son parfum riche et
évocateur de cieux, ô combien cléments !
C'est lui qui fait l'originalité de ce potage.

- *16 gousses d'ail*
- *2 cuillerées à soupe d'huile d'olive*
- *1 gros oignon haché*
- *2 gros poireaux coupés en morceaux
  (y compris une bonne partie du vert)*
- *2 belles carottes coupées en dés*
- *2 branches de celeri coupées en
  morceaux*
- *2 navets coupés en dés*
- *1/2 kg de pommes de terre coupées en
  morceaux*
- *1, 75 l de fond de légumes*
- *250 g de chou vert émincé*
- *250 g de tomates épépinées et coupées
  en morceaux*
- *sel et poivre du moulin*
- *1 filet d'huile d'olive au moment de
  servir (facultatif)*

Mettez les gousses d'ail dans une petite
casserole, couvrez d'eau froide et amenez
à ébullition. Égouttez au chinois, jetez l'eau
et recommencez ainsi 3 fois de suite
l'opération. Mettez cet ail blanchi de côté.

Dans une grande casserole (à fond épais de préférence) faites chauffer l'huile à feu modéré, et faites-y revenir l'oignon 5 à 10 minutes en remuant de temps en temps. Quand il commence à prendre une belle couleur dorée, ajoutez les poireaux, les carottes, le céleri, les navets, les pommes de terre et l'ail blanchi. Laissez cuire 5 minutes en remuant constamment.

Versez le fond de légumes dans la casserole et amenez à ébullition. Couvrez, baissez le feu et laissez frissonner pendant 15 minutes.

Ajoutez alors le chou et les tomates, couvrez encore et continuez à laisser frémir 15 minutes de plus. Assurez-vous que tous les légumes sont bien tendres, cuits à point, et rectifiez l'assaisonnement si nécessaire (attention, le fond de légumes est déjà salé et poivré).

Servez dans des bols à potage ou dans des assiettes creuses, accompagné de croûtons frits, si vous les aimez. Et surtout ne vous croyez pas obligé d'ajouter au dernier moment des fines herbes ou de la crème, ou Dieu sait quoi encore : ce serait bien inutile. La bonté de ce potage réside dans sa simplicité. Seul un filet d'huile d'olive pourrait, à la rigueur, en réhausser la saveur.

L'ail est connu depuis les temps les plus reculés pour ses vertus curatives.

POIVRONS FARCIS
À L'ITALIENNE

Merveilleuse variante des « farcis »
provençaux traditionnels, ces poivrons
constituent un plat très nourrissant – et
plus sain plus que lorsque la farce contient
du riz, comme c'est souvent le cas en
Grèce. Vous pouvez utiliser n'importe quel
type de pâtes : macaronis, nouilles,
coquillettes, etc.

Les tomates séchées et confites dans
l'huile se trouvent dans toutes les épiceries
fines.

- 6 beaux poivrons rouges ou jaunes
  coupés dans le sens de la longueur et
  épépinés
- 2 grosses cuillerées à soupe de tomates
  séchées, bien égouttées de leur huile.
  (conservez l'huile)
- 60 g de beurre
- 3 oignons hachés
- 1 cuillerée à soupe de farine
- 1/2 l de lait
- 120 g d'emmenthal ou de gruyère rapé
- 1 cuillerée à café de thym effeuillé
- 170 g de pâtes cuites
- sel et poivre du moulin
- 90 g de parmesan râpé

Préchauffez le four à 180 °C (thermostat 4).
Avec un peu de l'huile des tomates
égouttées, graissez un plat rectangulaire
allant au four. Attention, il doit être assez
grand pour 12 demi-poivrons farcis.

Faites chauffer une grande casserole
d'eau salée et blanchissez vos moitiés de
poivrons 3 minutes. Égouttez-les,
rafraîchissez-les sous l'eau froide et
placez-les sur du papier absorbant pour
qu'ils sèchent en attendant d'être farcis.

Mettez les oignons à cuire à feu très
doux dans le beurre pendant 20 minutes,
en les tournant de temps en temps. Ils
doivent prendre un ton à peine doré.

Ajoutez alors la farine, tournez bien et
laissez cuire à feu modéré pendant 1 ou
2 minutes. Ajoutez le lait, mélangez et
amenez à ébullition. Baissez le feu, laissez
frémir pendant 2 à 3 minutes sans cesser
de remuer. La préparation doit épaissir et
prendre une consistance crémeuse.

*Les poivrons farcis à l'italienne constituent un
plat très nourrissant qui, accompagné d'une
salade, peut constituer à lui seul un déjeuner.*

Ajoutez le gruyère ou l'emmenthal râpé, le thym et les tomates. Assaisonnez et laissez cuire 2 à 3 minutes en remuant toujours. Il faut que le fromage fonde. Mélangez alors les pâtes cuites, et garnissez de cette farce vos demi-poivrons.

Disposez ceux-ci dans le plat à feu, saupoudrez de parmesan râpé et faites cuire au four 40 à 45 minutes. La farce doit prendre une belle couleur brun doré.

Ce plat se mange chaud (vous pouvez le réchauffer), tiède ou froid, mais pas glacé : ce serait dommage !

SALADE
DE FEUILLES DE CHÊNE

La mode des salades exotiques diverses servies en plat principal a fait un peu oublier les salades vertes toutes simples de notre enfance. Il en existe pourtant bien des variétés : laitues, scaroles, batavia, bien sûr, mais aussi mâche, pousses d'épinards, roquette, trévisane, mesclun, et j'en passe... J'apprécie tout particulièrement la salade de feuilles de chêne, ainsi appelée à cause de la forme des feuilles qui rappelle celles de l'arbre.

Une petite pincée de fines herbes ou une gousse d'ail écrasée avec une bonne vinaigrette, et le tour est joué : vous vous régalerez !

- *3 cuillerées à soupe de vinaigrette (recette page 18)*
- *100 g de salade triée et nettoyée*

Un peu avant de passer à table, versez la vinaigrette dans le saladier de service, et placez les couverts à salade. Puis disposez la salade par-dessus. Les couverts éviteront que la salade ne trempe trop à l'avance dans la vinaigrette, et ne « cuise ».

Au dernier moment, tournez bien la salade avant de la servir.

GÂTEAU AUX ÉPICES DE JOAN GLACÉ AU SUCRE BRUN

Joan Campbell tient la rubrique GASTRONOMIE du magazine *Vogue Australie*. À mon sens, elle est aussi la meilleure cuisinière du monde. Par chance, elle m'a pris en affection et, de temps à autre, me communique ses recettes. Ainsi celle de ce gâteau délicieux, enfantin à préparer, et qui – croyez-le ou non – ne contient pas un œuf ! Une précision encore, vous ne pourrez pas le rater.

Si vous le dégustez le jour-même, sa texture est légère, aérienne. Si, au contraire, vous le laissez rassir 1 ou 2 jours, il devient plus consistant, plus moelleux. Pour ma part, je l'aime de toutes les manières !

- *170 g de raisins secs*
- *170 g de sucre brun ou roux*
- *250 g de beurre*
- *2 cuillerées à café d'extrait de vanille*
- *325 g de farine, plus une cuillerée pour fariner le moule*
- *2 cuillerées à café de gingembre en poudre*
- *2 cuillerées à café de cannelle en poudre*
- *2 cuillerées à café de clous de girofle en poudre*
- *2 cuillerées à café de quatre-épices*
- *1 pincée de sel*
- *2 cuillerées à café de levure*
- *un peu d'huile pour graisser le moule*

Pour le glaçage :
- *140 g de sucre brun ou roux*
- *1/2 cuillerée à café de noix muscade râpée*
- *1 pincée de sel*
- *2 cuillerées à café d'extrait de vanille*
- *1 blanc d'œuf*

Préchauffez le four à 190 °C (thermostat 5). Graissez et farinez un moule en couronne d'une contenance d'environ 2 litres.

Dans une casserole, mettez les raisins secs, le sucre et le beurre avec 3,5 dl d'eau. Amenez à ébullition, baissez le feu et laissez frissonner 5 minutes. Faites refroidir et ajoutez l'extrait de vanille.

Disposez la farine en puits dans une grande terrine. Ajoutez les épices, le sel et la levure. Mélangez bien avant d'ajouter le contenu de votre casserole. Battez alors vivement et amalgamez bien la farine avec le liquide.

Versez cet appareil dans le moule en couronne et faites cuire au four 45 minutes. Vérifiez la cuisson avec une lame de couteau. Retirez du four et laissez refroidir.

Préparez le glaçage : mettez tous les ingrédients dans un bol avec 2 cuillerées à soupe d'eau, et placez sur un bain-marie. Battez le contenu du bol au fouet pendant 3 minutes, puis retirez du bain-marie, et continuez à battre vigoureusement 3 ou 4 minutes, le temps que la préparation refroidisse.

Recouvrez le gâteau avec le glaçage en l'étalant bien.

LA SAVEUR
DES CHAMPS
SUR VOTRE TABLE

*Voilà un menu délicieusement
frais et ensoleillé.
C'est un hymne
aux marchés de Provence
avec leurs variétés infinies
de légumes, d'herbes et de fleurs.
Dégustez-le dedans, dehors,
en été, en hiver : peu importe,
vous lui trouverez toujours
un parfum de campagne,
d'air pur et de soleil.*

POTAGE DE TOMATES FRAÎCHES

ARTICHAUTS SAUCE HOLLANDAISE

LASAGNES DU JARDINIER

**PARFAIT GLACÉ AU GIN,
MIEL ET LAVANDE**
BISCUITS À LA LAVANDE

POTAGE DE TOMATES FRAÎCHES

Divin et enfantin à préparer, je sers ce potage lorsque l'on trouve de belles tomates bien rouges et donc bien mûres. Surtout, ne choisissez que des tomates de première qualité, mais elles peuvent être un peu molles à condition qu'elles ne soient pas « passées », comme l'on dit dans le Midi, c'est-à-dire aigres. Gardez-vous aussi des tomates de serre qui n'ont aucun goût et feront un potage triste et sans saveur.

Vous pouvez, si vous le préférez, peler les tomates. Il suffit pour cela de les plonger une minute dans l'eau bouillante.

- *2 cuillerées à soupe d'huile d'olive*
- *2 oignons finement émincés*
- *1 kg de belles tomates mûres et grossièrement concassées, pelées et épépinées*
- *1,75 l de fond de légumes*
- *quelques feuilles de basilic hachées*

Dans une casserole pourvue d'un couvercle, faites chauffer l'huile. Ajoutez les oignons, couvrez et laissez cuire à feu très doux pendant environ 20 minutes en remuant de temps en temps. Ils doivent ramollir et prendre un joli ton doré, translucide.

Ajoutez les tomates concassées puis le fond de légumes. Portez à ébullition, baissez le feu et laissez frissonner 3 à 4 minutes. Les tomates ne doivent pas cuire trop longtemps sous peine de perdre la fraîcheur de leur parfum. Rectifiez l'assaisonnement si nécessaire et servez chaud, saupoudré de basilic haché.

Vous pouvez aussi passer ce potage à la moulinette à légumes.

ARTICHAUTS SAUCE HOLLANDAISE

Les artichauts se mangent chauds ou froids, mais je les préfère encore tièdes ou à température ambiante. On les sert le plus souvent avec une bonne vinaigrette (prenez soin d'utiliser un vinaigre de qualité) ou avec une mayonnaise parfumée à l'ail – selon les goûts. On peut aussi les accompagner d'une sauce hollandaise ou d'un beurre blanc dont les recettes figurent pages 20 et 21.

Si vous servez les artichauts entiers, prévoyez un grand saladier au milieu de la table, afin que vos convives puissent y déposer leurs feuilles au fur et à mesure qu'ils les mangent. Vous pouvez aussi ne servir que les cœurs, bien débarrassés de leur foin, que vous aurez garnis de la sauce de votre choix. Dans ce cas, prévoyez 2 artichauts par personne, mais la quantité de sauce demeurera la même.

- *6 artichauts (ceux de Bretagne sont fort appréciés, mais les violets de Provence ont leurs amateurs) ou 12 si vous ne servez que les fonds*
- *environ 3 dl de sauce hollandaise*

À moins que vous ne possédiez une énorme casserole, faites bouillir de l'eau salée dans deux (ou trois) récipients, et assurez-vous qu'il y en ait suffisamment pour que vos légumes soient immergés aux deux tiers au moins.

Débarrassez les artichauts de leur tige en la coupant bien ras, ainsi que des premières feuilles, très dures.

Placez-les ensuite dans l'eau bouillante, couvrez et laissez frissonner 45 minutes.

Égouttez-les bien (je les renverse « tête la première » sur mon égouttoir à vaisselle, placé, pour l'occasion, dans l'évier).

Laissez tiédir et servez avec une sauce hollandaise chaude (recette page 20).

LASAGNES DU JARDINIER

Ce gratin de pâtes, avec ses trois couches de farce aux légumes et son onctueuse béchamel au fromage, est au moins aussi savoureux que son homologue à la viande. Rassurez-vous, tous vos amis – y compris les plus carnivores – s'en resserviront au moins deux fois.

Beaucoup de gens ne jurent que par ces lasagnes précuites qu'il n'est pas besoin de blanchir à part. Je suis définitivement contre : je les trouve dures et sèches, alors qu'il est si facile de cuire vos feuilles de lasagnes 8 à 10 minutes dans l'eau bouillante salée pendant que vous préparez le reste de vos ingrédients.

- *9 feuilles de lasagnes traditionnelles, soit environ 150 g*
- *sel et poivre du moulin*
- *1 cuillerée à café d'huile d'olive pour graisser le plat*

Pour la sauce béchamel :
- *50 g de beurre*
- *50 g de farine*
- *3/4 de l de lait*
- *150 g d'emmenthal rapé*
- *1 pincée de noix de muscade*

Pour la première farce :
- *2 cuillerées à café d'huile d'olive*
- *250 g de champignons émincés*
- *1 cuillerée à café de thym frais effeuillé (ou la moitié si le thym est sec)*

Pour la deuxième farce :
- *2 cuillerées à soupe d'huile d'olive*
- *1 grosse aubergine (ou 2 petites) coupée en tranches de 1,5 cm d'épaisseur*

Pour la troisième farce :
- *1 cuillerée à soupe d'huile d'olive*
- *1 oignon finement émincé*
- *2 gousses d'ail hachées très fin*
- *250 g d'épinards frais*

Préchauffez le four à 200 °C (thermostat 6), et graissez à l'huile un grand plat creux à bords hauts allant au four.

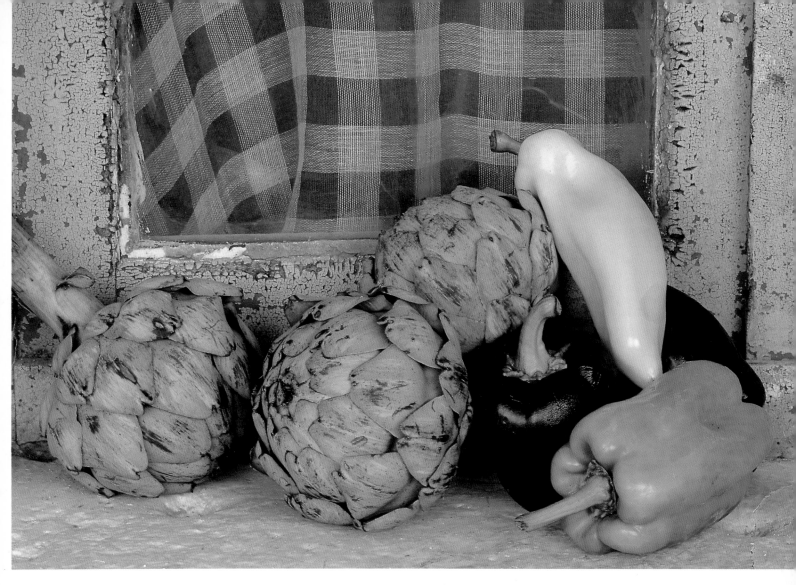

Faites cuire vos lasagnes dans une grande quantité d'eau bouillante salée et, pour le temps de cuisson, fiez-vous aux indications portées sur le paquet. Vous les sortirez quand elles seront tendres mais encore fermes. Égouttez-les sur un torchon.

Pendant que les pâtes cuisent, préparez votre béchamel : mettez le beurre à fondre dans une casserole à fond épais à feu doux, et ajoutez progressivement la farine en mélangeant bien. Laissez cuire ce roux en remuant sans arrêt 1 à 2 minutes, puis versez le lait en battant vigoureusement au fouet pour éviter les grumeaux. Lorsque la sauce a épaissi, réduisez le feu et laissez cuire encore 2 à 3 minutes.

Ajoutez le fromage râpé, le sel, le poivre et la noix de muscade. Laissez au feu encore 1 à 2 minutes afin que le fromage ait le temps de fondre et de se mélanger,

et que la béchamel reste bien fluide.

Pour la première farce : faites chauffer l'huile dans une poêle à feu vif et mettez les champignons émincés à revenir avec le thym pendant 5 minutes environ. Les champignons doivent rendre une partie de leur eau, et s'attendrir. Assaisonnez.

Pour votre deuxième farce : disposez vos tranches d'aubergine sur une plaque du four préalablement huilée. Salez, poivrez et badigeonnez-les avec le reste d'huile. Enfournez et laissez cuire 15 à 20 minutes. Elles doivent prendre un ton à peine doré et devenir tendres.

Préparez maintenant votre troisième farce : faites chauffer l'huile dans une grande sauteuse à feu modéré. Mettez les oignons à revenir 5 minutes environ. Ils doivent devenir translucides et légèrement bruns. Ajoutez l'ail à mi-cuisson.

Ajoutez les épinards bien lavés et grossièrement hachés, et cuisez à feu vif 3 à 4 minutes jusqu'à ce qu'ils deviennent tendres mais surtout pas trop cuits.

Confectionnez à présent les lasagnes. Tapissez le fond de votre plat à gratin avec la première farce, recouvrez de béchamel et placez par-dessus 3 feuilles de lasagnes. Recouvrez ensuite de la deuxième farce, puis de béchamel, et empilez 3 autres feuilles de lasagnes. Mettez enfin la troisième farce, ajoutez de la béchamel, et terminez avec vos 3 dernières feuilles de lasagnes. Nappez avec le reste de béchamel.

Saupoudrez avec du fromage rapé et enfournez 30 à 40 minutes. Servez lorsque le dessus est croustillant et bien doré.

BISCUITS À LA LAVANDE

Je savais depuis longtemps que, en
Provence, on utilise la lavande dans la
cuisine. Pourtant, c'est au cours d'un
voyage en Australie que cette idée a fait
son chemin et que j'ai songé à l'exploiter.

J'avais lu, en effet, un article sur une
grande exploitation de lavande à Yuulong,
près de Melbourne, où l'on confectionne
des biscuits parfumés à la lavande. Le
principe m'ayant séduit, j'ai écrit à l'auteur
pour lui demander davantage de détails. Il
m'a gentiment envoyé la recette.

Pour 30 biscuits :
- *225 g de beurre, de préférence à la
  motte et non salé*
- *115 g de sucre brun en poudre*
- *1 œuf battu*
- *170 g de farine*
- *2 cuillerées à café de fleurs de lavande
  séchées*

Préchauffez le four à 180 °C (thermostat 4)
et graissez une de vos plaques à pâtisserie.

Battez le beurre ramolli avec le sucre
jusqu'à ce que le mélange blanchisse (moi,
j'utilise mon mixer). Ajoutez l'œuf. Battez
encore. Ajoutez la farine et mélangez bien,
puis enfin ajoutez les fleurs de lavande.

Versez à la cuillerée à soupe des petites
quantités de cet appareil sur votre plaque à
pâtisserie, en les espaçant suffisamment.

Enfournez 15 à 20 minutes. Les biscuits
doivent prendre un ton à peine doré,
surtout pas trop brun.

Laissez-les refroidir. Alors seulement ils
seront croustillants. Conservez-les dans
une boîte bien hermétique.

PARFAIT GLACÉ AU GIN, MIEL ET LAVANDE

Voilà une glace enfantine à préparer,
d'autant qu'il est inutile de la battre, une
fois la préparation placée au freezer.

Vous pourrez aussi la servir dès sa sortie
du freezer car elle n'est jamais trop dure.
Quant à son parfum... Goûtez-y
simplement !

Pour 1 litre de glace environ :
- *3 cuillerées à soupe de gin*
- *1 cuillerée à soupe de fleurs de lavande
  séchées*
- *6 jaunes d'œufs*
- *1,5 dl de miel liquide (miel de lavande
  de préférence)*
- *3 dl de crème fraîche double*
- *fleurs pour la garniture*

Faites doucement chauffer le gin dans une
petite casserole, et versez-le sur les fleurs
de lavande que vous aurez placées dans un
bol. Recouvrez avec une assiette et laissez
infuser 1 heure.

Égouttez les fleurs de lavande au tamis
en pressant bien avec le dos d'une cuillère
afin d'en extraire tout le parfum. Jetez les
fleurs. Il devrait vous rester 2 cuillerées à
soupe de gin très parfumé à la lavande. Au
besoin, rajoutez un petit peu de gin.

Dans un grand saladier, battez les jaunes
d'œuf au fouet (ou au batteur électrique,
ce qui est beaucoup plus rapide et
pratique), jusqu'à ce que le mélange
devienne léger et mousseux. Faites
chauffer le miel dans une petite casserole,
jusqu'au point d'ébullition.

Versez le miel chaud sur les jaunes
d'œufs battus en continuant à battre, et ce
jusqu'à ce que le mélange refroidisse et
que les jaunes aient augmenté de volume.
Cette opération prend environ 2 à
3 minutes si l'on procède avec un batteur
électrique. À la main, c'est bien sûr
beaucoup plus long. Ajoutez ensuite le gin
parfumé, et mélangez encore.

Battez la crème fraîche en crème
fouettée bien ferme. Incorporez-la avec
précaution dans l'appareil des œufs.
Versez cette préparation dans un saladier
ou une grosse coupe, et mettez au freezer
au moins 8 heures.

Au moment de servir, décorez avec des
fleurs fraîches.

*La lavande (ci-dessus) est une plante
méridionale réputée que l'on exploite en
parfumerie mais qui est également excellente
en pâtisserie (glace et biscuits ci-contre).*

RÉGAL
D'AUTOMNE

*Ce menu fleure bon les
premières écharpes de brume
et le début des labours.
Ses saveurs terriennes
satisferont les appétits les plus
solides, et il conviendra
à ces soirées déjà longues où,
dès la tombée du jour,
on apprécie les premiers feux
de bois et la lumière
dansante des chandelles.*

CRÈME DE POIVRONS GRILLÉS

**CROQUETTES DE FROMAGE
AUX OIGNONS**
YORKSHIRE PUDDINGS
**PURÉE DE POMMES DES CHAMPS
AUX OLIVES ET PARMESAN**
COULIS DE TOMATES AUX OIGNONS
LÉGUMES DE SAISON

**POIRES POCHÉES
DANS LEUR RHUM AUX ÉPICES**

CRÈME
DE POIVRONS GRILLÉS

- *4 gros poivrons doux rouges ou jaunes*
- *1 cuillerée à soupe d'huile d'olive*
- *4 échalotes ou 2 oignons moyens émincés*
- *2 cuillerées à café de thym frais*
- *2 gousses d'ail écrasées*
- *1 l de fond de légumes*
- *1/2 l de lait*
- *sel et poivre du moulin*
- *quelques feuilles de basilic frais*

Préchauffez le gril du four.

Coupez les poivrons en quartiers dans le sens de la longueur, débarrassez-les de leurs graines ainsi que de leurs filaments blancs. Disposez-les quartiers sur la grille du four, et laissez griller jusqu'à ce que la peau devienne noire. Sortez du four posez sur une assiette et laissez refroidir.

Enlevez alors la peau des poivrons : ainsi grillée, elle s'en ira facilement.

Faites doucement chauffer l'huile dans une cocotte et mettez à revenir les échalotes (ou les oignons) en remuant de temps en temps. Laissez cuire 5 à 10 minutes sans laisser brûler. Elles doivent devenir translucides.

Ajoutez le thym, l'ail, le fond de légumes et tous les quartiers de poivrons sauf un. Amenez à ébullition. Laissez frissonner 20 minutes.

Passez ensuite votre préparation au mixer, puis versez dans une casserole propre. Ajoutez le lait, réchauffez et assaisonnez à votre goût.

Coupez votre dernier quartier de poivron en fines lanières.

Remplissez de cette soupe 6 bols à potage préalablement chauffés, et décorez avec des lanières de poivrons et des feuilles de basilic.

CROQUETTES DE FROMAGE
AUX OIGNONS

La saveur de ces croquettes n'a rien à envier à leurs homologues confectionnées avec de la viande. Faciles et rapides à faire, elles sont, en outre, très bon marché. Vous les servirez en plat principal, accompagnées de pommes de terre et de légumes. Froides, vous les mangerez arrosées de vinaigrette à l'ail, avec une bonne salade mélangée.

Pour 6 à 8 croquettes :
- *120 g de fromage de cheddar ou de gruyère rapé*
- *170 g de chapelure*
- *1 petit oignon finement haché*
- *1 cuillerée à café de poudre de moutarde anglaise*
- *2 cuillerées à café de persil haché*
- *2 œufs*
- *2 cuillerées à soupe de lait*
- *sel et poivre du moulin*
- *un peu de farine*
- *huile de friture*

Mélangez dans un grand bol le fromage, la chapelure, l'oignon haché, la moutarde et le persil. Salez et poivrez.

Battez le lait avec un œuf entier et le jaune du second. Réservez le blanc. Ajoutez ce mélange au premier et incorporez bien.

Formez avec cette pâte 6 ou 8 petites croquettes. Battez légèrement votre blanc d'œuf et roulez vos croquettes dedans avant de les enfariner.

Prenez soin de secouer les croquettes avant de les plonger dans la friture, afin que tombe l'excès de farine.

Faites frire environ 10 minutes en tournant de temps en temps pour que vos croquettes prennent une belle couleur dorée.

Croquettes de fromage aux oignons, Yorkshire puddings et coulis de tomates aux oignons, servis avec des légumes de saison.

YORKSHIRE PUDDINGS

Pourquoi ne réserver ces exquis puddings d'accompagnement qu'aux mangeurs de viande ? Ils ne perdent rien de leur bonté avec d'autres mets. Traditionnellement d'ailleurs, ils étaient servis seuls, avant le plat de viande, afin d'émousser un peu l'appétit des gros mangeurs.

D'habitude, on cuit le Yorkshire pudding dans un seul grand moule rectangulaire, mais je préfère me servir de petits moules individuels. Mes puddings s'en trouvent plus croustillants.

Pour 18 à 20 petits puddings :
- *120 g de farine*
- *1 pincée de sel*
- *2 œufs*
- *3 dl de lait*
- *1 cuillerée à soupe d'huile de tournesol*

Disposez la farine et le sel dans une terrine. Ajoutez les œufs et la moitié du lait. Travaillez 2 à 3 minutes

Incorporez peu à peu le reste du lait. Battez bien. Vous pouvez, bien entendu, utiliser votre mixer qui vous économisera du temps et de la fatigue.

Laissez reposer votre préparation 1 heure environ.

Préchauffez le four à 220 °C (thermostat 7). Graissez vos petits moules avec l'huile végétale et mettez-les dans le four préchauffé. Laissez-les 5 minutes au moins afin qu'ils soient très chauds.

Battez à nouveau votre appareil, puis après avoir sorti vos petits moules du four, remplissez-les rapidement de votre préparation. Réenfournez et laissez cuire 15 à 20 minutes. Les puddings doivent lever et prendre une belle couleur marron-brun.

Servez tout de suite.

PURÉE DE POMMES DES CHAMPS AUX OLIVES ET PARMESAN

Il n'y a pas qu'en Italie que l'on déguste de la bonne cuisine italienne. Il se trouve à Londres, à Paris, et dans toutes les grandes villes d'Europe et d'Amérique du Nord, de très grands chefs italiens. C'est à l'un de ceux-ci, qui tient un excellent restaurant à Londres, que je dois la recette qu'on lira ci-dessous, une recette qui transforme un plat traditionnel anglais, plutôt banal, en un délice aux saveurs toutes méditerranéennes.

Stephano Caravallini – tel est le nom de ce grand cuisinier – préconise l'huile d'olive de Raneira, au nord d'Imperia, en Ligurie. Pour ma part, je préfère celle de Colonna, sur la côte adriatique, à peu près à la hauteur de Rimini.

- *750 g de pommes de terre*
- *1 cuillerée à soupe d'huile d'olive vierge première pression*
- *2 cuillerées à café de crème fraîche, de préférence fleurette*
- *30 g d'olives vertes dénoyautées et coupées en petites lanières*
- *30 g de parmesan râpé*
- *sel et poivre du moulin*

Lavez bien les pommes de terre, mais ne les épluchez pas.

Faites-les cuire dans une grande quantité d'eau salée. Égouttez puis enlevez la peau. Écrasez-les à travers un fin tamis en les pressant avec le dos d'une cuillère.

Incorporez les olives, la crème, l'huile d'olive et le parmesan râpé. Salez et poivrez. Attention, le parmesan est déjà salé, ayez donc la main légère avec le sel.

COULIS DE TOMATES AUX OIGNONS

Le coulis de tomates accompagne traditionnellement toutes les pâtes, en Italie. Vous pouvez aussi le servir en accompagnement de légumes simplement bouillis. Il est facile à faire et tellement précieux à conserver dans votre réfrigérateur. Que vous le serviez chaud ou froid, il transformera tous vos restes en festins éclatants de soleil.

- *2 cuillerées à soupe d'huile d'olive*
- *3 gros oignons finement émincés*
- *2 gousses d'ail écrasées*
- *1,5 kg de belles tomates bien mûres (ou en conserve pelées et épépinées)*
- *thym, laurier et romarin*
- *1 cuillerée à café de sucre en poudre*
- *sel et poivre du moulin*

Mettez à chauffer l'huile dans une cocotte et ajoutez l'oignon. Faites revenir doucement et ajoutez l'ail. Laissez revenir encore quelques minutes sans brûler.

Coupez vos tomates en quartiers, épépinez-les et ajoutez-les aux oignons dans votre cocotte. Si vous utilisez des tomates en conserve, égouttez-les. Ajoutez le thym, le laurier, le romarin et le sucre en poudre, salez, poivrez et faites cuire à feu vif jusqu'à ébullition.

Baissez alors le feu, couvrez votre cocotte et laissez mijoter environ 1 h 30. La préparation doit réduire.

Passez ensuite au tamis ou au moulin à légumes de façon à obtenir une purée assez liquide.

Goûtez, rectifiez l'assaisonnement au besoin, et rajoutez éventuellement 1 ou 2 cuillerées d'huile d'olive.

POIRES POCHÉES DANS LEUR RHUM AUX ÉPICES

Ces poires pochées sont très faciles à préparer, mais je vous conseille de les faire la veille. Dans les grandes occasions, donnez-leur un petit air de fête en les ornant d'un fin ruban, comme sur la photo ci-contre. Vous pouvez aussi décorer votre plat avec des feuilles de menthe fraîche, des zestes de citron ou encore des fleurs.

- *170 g de sucre*
- *1 pincée de sel*
- *1 bâton de cannelle d'environ 10 cm de long*
- *4 clous de girofle*
- *2 cuillerées à café de quatre-épices*
- *1 morceau de gingembre de 2 cm environ, pelé et coupé en tronçons*
- *6 belles poires pelées, dont vous conserverez le pédoncule*
- *1 dl de rhum*
- *glace à la vanille, yaourt, fromage blanc frais ou crème chantilly en accompagnement facultatif*

Dans une grande casserole munie d'un couvercle, mettez le sucre, le sel, toutes les épices dans 2 litres d'eau. Amenez à ébullition, baissez le feu et laissez frissonner 15 minutes.

Placez les poires dans ce sirop, couvrez et laissez cuire à feu doux jusqu'à ce que les fruits soient tendres. Le temps de cuisson varie beaucoup selon la variété de poires choisies ainsi que leur degré de maturité, mais il faut bien compter entre 1/2 heure et 1 heure. Peu importe que les pédoncules ne baignent pas dans le sirop puisqu'on ne les mange pas.

Sortez vos poires et égouttez-les avant de les poser sur une assiette. Passez le sirop au tamis très fin dans un profond saladier, assez grand pour contenir vos poires. Ajoutez le rhum puis les poires. Laissez-les baigner ainsi durant au moins 4 heures afin qu'elles s'imprègnent de toutes les saveurs du sirop.

Sortez vos poires, et placez-les au réfrigérateur.

Remettez le sirop dans une casserole et faites vivement réduire des 2/3 sur le feu. Laissez refroidir, puis mettez au frais.

Au moment de servir, dressez les poires dans un plat creux, arrosez-les de sirop, garnissez-les de glace ou de fromage blanc frais, et décorez à votre goût.

Poires pochées dans leur rhum aux épices : un dessert sobre et élégant.

À TRAVERS LE MIROIR

Il ne faut pas vous fier aux apparences avec ce menu sens dessus dessous : la tarte à l'envers se retourne à nouveau pour constituer une entrée spectaculaire et savoureuse ; les aubergines se transforment en escalopes farcies et, dans ce repas digne d'Alice au Pays des Merveilles, un simple dessert aux fruits baigne dans un entêtant nectar!

TARTE « TATIN »
AUX OIGNONS CARAMÉLISÉS
ET POMMES D'AMOUR

ESCALOPES D'AUBERGINES FARCIES
SALSA DE MANGUE ET CONCOMBRE
PILAF DE RAISINS ET PIGNONS
PARFUMÉ AU ROMARIN

SALADE DE MELON
AU VIN DOUX DE GINGEMBRE

TARTE « TATIN » AUX OIGNONS CARAMÉLISÉS ET POMMES D'AMOUR

La tarte Tatin classique est une tarte à l'envers faite de pommes caramélisées recouvertes de pâte brisée. En voici une version salée que j'ai mise au point et dont la saveur ne démentit pas la présentation spectaculaire.

En Provence, on appelle souvent les tomates les pommes d'amour. Utilisez des tomates séchées et conservées dans l'huile, que l'on trouve en bocaux.

- *30 g de beurre*
- *1 kg de gros oignons roses grossièrement émincés*
- *1 cuillerée à soupe de sucre en poudre*
- *100 g de tomates conservées dans l'huile, bien égouttées et grossièrement hachées*
- *250 g de pâte brisée surgelée*
- *huile d'olive pour graisser le moule*
- *feuilles de salade pour décorer*

Préchauffez le four à 220 °C (thermostat 7). et faites fondre le beurre dans une poêle ou dans une sauteuse assez grande pour contenir vos oignons que vous disposerez en une couche d'épaisseur uniforme.

Saupoudrez avec la moitié du sucre en poudre, salez, poivrez et recouvrez d'eau froide.

Amenez à ébullition et laissez frémir environ 30 minutes. Lorsque l'eau s'est évaporée, les oignons doivent être tendres et former comme une épaisse pommade. À la fin de la cuisson, soyez très vigilant : les oignons pourraient brûler et altérer ainsi le goût de votre tarte.

Graissez généreusement un moule à manqué et saupoudrez-le du reste de sucre. Disposez les morceaux de tomates puis votre « confiture » d'oignons dont vous aurez vérifié et, éventuellement, rectifié l'assaisonnement.

Recouvrez de votre pâte brisée : elle doit être assez fine et dépasser un peu le moule afin qu'en la pressant contre les bords internes, vous puissiez le fermer hermétiquement.

Enfournez 20 à 30 minutes : la pâte doit être dorée et bien croustillante.

Démoulez en retournant sur un plat de service, décorez avec des feuilles de salade et servez chaud.

ESCALOPES D'AUBERGINES FARCIES AU GRUYÈRE

J'ai une passion pour les aubergines sous toutes leurs formes. En outre, leur consistance exquise est très pratique pour remplacer la viande dans un menu végétarien. Ces escalopes d'aubergines allient le croustillant des beignets à l'onctuosité du gruyère fondu à l'intérieur. Un délice !

- *4 aubergines de taille moyenne (environ 1 kg)*
- *115 g de gruyère ou d'emmenthal râpé*
- *2 œufs battus*
- *170 g de chapelure*
- *sel et poivre du moulin*
- *un peu de farine*
- *huile d'olive pour frire et graisser (une huile végétale, moins onéreuse, conviendra aussi)*

Coupez chaque aubergine en 6 tranches d'environ 2 cm d'épaisseur. Saupoudrez-les de gros sel et laissez-les égoutter dans une passoire pendant 1 heure ; le sel leur enlèvera leur amertume. Rincez-les et faites-les sécher sur un torchon.

Préchauffez le four à 200 °C (thermostat 6), et graissez abondamment deux plaques.

Sur votre plan de travail, disposez 12 tranches d'aubergines. Recouvrez-les de fromage râpé, et refermez avec les 12 autres tranches, comme on le fait pour des sandwiches.

Disposez la farine dans une assiette creuse, les œufs battus dans une autre, et la chapelure dans une troisième. Farinez vos escalopes farcies, puis passez-les dans l'œuf et enfin dans la chapelure.

Dans une grande poêle, faites chauffer votre huile de friture. Faites frire vos escalopes farcies 3 par 3 en les laissant cuire 2 à 3 minutes de chaque côté.

Disposez-les ensuite sur vos plaques préalablement graissées et enfournez 20 minutes. Servez immédiatement, accompagné de salsa.

SALSA DE MANGUE ET CONCOMBRE

Le salsa est une sorte de condiment à base de légumes crus. De plus en plus souvent les restaurants élégants en proposent dans leur menu. Celui que je vous suggère est très facile à réaliser, et merveilleusement savoureux et rafraîchissant.

- *1/2 concombre*
- *1 grosse mangue bien mûre, pelée, dénoyautée et finement hachée*
- *1 petit oignon émincé et dont on aura séparé les rouelles*
- *2 piments frais (ou plus selon le goût), épépinés et hachés*
- *le jus d'1 citron ou d'1 citron vert*
- *sel*

Utilisant votre appareil à râper les carottes, débitez votre concombre en petits filaments. Placez-les dans une passoire et saupoudrez de gros sel. Laissez égoutter 30 minutes. Ils perdront ainsi leur amertume et deviendront plus fermes. Rincez-les à l'eau froide avant de les faire sécher sur un torchon propre.

Versez-les dans un bol, ajoutez tous les autres ingrédients et mélangez bien.

Placez au réfrigérateur 2 heures au moins, toute la nuit de préférence, afin que les saveurs s'exhalent et se mêlent.

PILAF DE RAISINS ET PIGNONS PARFUMÉ AU ROMARIN

Voilà bien des années, je me trouvais dans
un petit restaurant au bord de la mer, sur la
côte sud de la Turquie. On me servit un
pilaf en tout point sublime et le riz,
mélangé à des pignons et à des raisins,
dégageait un mystérieux parfum de pin.

Je découvris plus tard que ce parfum
n'était pas dû aux pignons, mais au
romarin dont le pilaf était saupoudré.

- *1 cuillerée à soupe d'huile d'olive*
- *1 gros oignon émincé*
- *350 g de riz basmati*
- *80 g de raisins de Smyrne*
- *80 g de pignons*
- *2 cuillerées à café de feuilles de romarin frais*
- *1 litre de fond de légumes*
- *2 grosses cuillerées de persil haché*
- *sel et poivre du moulin*

Faites chauffer l'huile dans une cocotte
en fonte et faites-y revenir l'oignon
5 bonnes minutes en remuant souvent.
Il doit devenir translucide et tendre.

Ajoutez le riz et continuez à faire revenir
3 ou 4 minutes en remuant sans arrêt afin
que les grains s'imprègnent bien d'huile.
Ajoutez les raisins, les pignons, le romarin
et le bouillon. Mélangez bien.

Amenez à ébullition et faites cuire à gros
bouillons et à découvert 10 minutes
environ. Quand tout le bouillon s'est
évaporé et que le riz est bien gonflé,
arrêtez le feu et couvrez 30 minutes en
plaçant un torchon plié en quatre entre le
couvercle et la cocotte : le riz continuera
ainsi à cuire dans sa propre vapeur.

Remuez ensuite le riz à la fourchette, et
goûtez pour vérifier l'assaisonnement et
rectifier si nécessaire.

Saupoudrez de persil haché et servez le
pilaf dans un plat préalablement chauffé.

SALADE DE MELON AU VIN DOUX DE GINGEMBRE

En Angleterre, il est d'usage, en saison, de
servir en entrée d'un repas élégant, du
melon préparé avec du gingembre confit
en bâtonnets ou concassé.

Pour ma part, je préfère le melon en
dessert et, si je le parfume au gingembre,
c'est d'une toute autre manière.

J'aime aussi, pour le plaisir de l'œil
autant que du palais, mélanger plusieurs
sortes de melons : des cantaloups, des
melons verts, et pourquoi pas des
pastèques ?

On trouve le vin de gingembre dans
toutes les épiceries fines, ainsi que le
gingembre au sirop.

- *1 gros ou plusieurs petits melons d'espèces différentes*
- *12 morceaux de gingembre au sirop, égouttés et grossièrement hachés*
- *2,5 dl de vin de gingembre*

Débitez la chair du ou des melons en petits
cubes, et emplissez-en de jolies coupes, en
verre de préférence. L'effet en sera
meilleur. Vous pouvez aussi utiliser des
verres à vin à condition qu'ils soient assez
grands. Répartissez sur chaque coupe le
gingembre haché ainsi que le vin de
gingembre.

Placez au réfrigérateur au moins
2 heures et servez glacé.

*Le melon (ci-contre, à droite) se
consomme frais, en hors-d'œuvre
ou en dessert. Le vin de gingembre
permet de marier différentes sortes
de melons, ainsi que la pastèque.*

L'INSOLITE
SUR VOTRE TABLE

Lorsqu'on aime la cuisine
végétarienne, il faut laisser
vagabonder son imagination
et rechercher l'insolite.
Ce menu de trois plats est le
triomphe de l'inattendu tant par
ses saveurs que par sa
composition. Il surprendra vos
convives, mais nul doute qu'il
les ravira, et vous vaudra une
réputation de grande originalité
s'agissant de vos talents de chef.

CRACKERS DE POLENTA
ET LEUR SUITE DE DÉLICES

PUDDING DE PAINS PERDUS SALÉ
LÉGUMES DE SAISON

FIGUES FRAÎCHES AU RHUM
SUR LIT DE MASCARPONE

CRACKERS DE POLENTA ET LEUR SUITE DE DÉLICES

Ces savoureux petits biscuits, croustillants à souhait, sont inspirés d'une vieille recette américaine et vous les préparerez en 10 minutes. À l'origine on les réalisait avec de la farine de maïs ; je préfère la farine de polenta, plus facile à trouver et dont le goût est, à mon avis, meilleur.

Servez ces crackers avec de jolis radis roses, mais aussi avec ces délices que sont la tapenade de lentilles, le caviar d'aubergines, le tarama de ricotta ou les rillettes de champignons dont les recettes figurent pages 22 à 24.

Pour 12 crackers :
- *30 g de beurre fondu plus une noisette pour graisser la plaque à pâtisserie*
- *120 g de farine de polenta*
- *1 cuillerée à café de sel*
- *1 cuillerée à café de chili en poudre*
- *3,5 dl d'eau bouillante*

Pour accompagner :
- *2 bottes de radis roses*
- *caviar d'aubergines, tarama de ricotta, tapenade de lentilles, etc.*

Préchauffez le four à 200 °C (thermostat 6), et beurrez votre plaque à pâtisserie.

Placez la farine de polenta dans un saladier avec le sel et le chili en poudre. Versez l'eau bouillante et mélangez bien pour éviter que ne se forment des grumeaux. Ajoutez le beurre fondu. Vous devez obtenir un appareil semblable à celui d'une pâte à crêpes. Si vous le trouvez trop épais, ajoutez un peu d'eau froide.

Avec une cuillère à soupe répandez des petites quantités de cet appareil sur la plaque à pâtisserie, et étalez-les pour que vos crackers soient les plus fins possible. Si votre plaque est trop petite, cuisez vos biscuits en deux fournées.

Mettez au four 20 minutes. Il faut que les crackers commencent à dorer. À l'aide d'une spatule en fer, transférez-les sur un plat et laissez refroidir. Ils deviendront croustillants dès qu'ils seront froids.

PUDDING DE PAINS PERDUS SALÉ

Il s'agit là d'une adaptation salée de mon pudding préféré qui constitue une entrée délicieuse fort bon marché. La chicorée cuite donne un parfum particulier et bien agréable à l'appareil crémeux et onctueux qui accompagne ce plat.

- *60 g de beurre et de quoi graisser votre moule*
- *120 g de carottes coupées en dés*
- *250 g de poireaux émincés*
- *250 g soit 2 pieds, de chicorée grossièrement hachée*
- *le jus d'1/2 citron*
- *2 cuillerées à café de sucre*
- *120 g de pain de campagne coupé en tranches assez fines*
- *3 œufs battus*
- *3 dl de lait*
- *3 dl de crème fraîche*
- *2 gousses d'ail écrasées*
- *sel et poivre du moulin*

Préchauffez le four à 160 °C (thermostat 3).

Dans une cocotte, faites fondre la moitié du beurre, puis ajoutez les carottes et faites revenir à feu vif 2 minutes.

Ajoutez le poireau émincé, la chicorée, le jus de citron et le sucre, et assaisonnez avec le sel et le poivre. Baissez au maximum le feu sous la cocotte, couvrez celle-ci et laissez fondre les légumes pendant 10 à 15 minutes en remuant de temps en temps. Ils doivent devenir tendres.

Étalez le reste du beurre sur vos tranches de pain.

Beurrez un plat à bords hauts allant au four. Disposez au fond la moitié de vos tranches de pain, côté beurré au-dessus. Étalez alors votre mélange de légumes, puis recouvrez avec vos dernières tranches de pain, côté beurré au-dessus.

Battez les œufs avec le lait, la crème et l'ail. Salez et poivrez.

Versez cet appareil sur le contenu de votre plat et faites cuire au four entre 1 heure 1/4 et 1 heure 1/2. L'appareil à base d'œuf doit avoir pris, et le pudding avoir un aspect bien doré.

Ci-contre, un pudding de pains perdus salé (à gauche) et une assiette de figues fraîches au rhum sur lit de mascarpone (recette page 85).

FIGUES FRAÎCHES AU RHUM SUR LIT DE MASCARPONE

J'ai découvert ce délicieux dessert dans un minuscule restaurant perdu dans les montagnes de Ligurie, au-dessus de Gênes. Par un beau jour d'été, on me servit dans le jardin un repas divin qui se termina par ces fameuses figues que l'on venait de cueillir sur l'arbre, et qui avaient encore la tiédeur du soleil. Quelle volupté !

Le mascarpone est un fromage blanc frais de brebis. Si vous avez du mal à vous en procurer, servez vos figues soit avec du fromage blanc, soit tout simplement avec du fromage de chèvre frais.

- *24 grosses figues bien mûres, de couleur mauve très foncé, presque noires*
- *3 cuillerées à soupe de rhum*
- *mascarpone ou autre fromage*

Ouvrez en quatre chacune des figues – comme sur l'illustration de la page précédente – et présentez-les dans des coupes individuelles ou sur un seul plat.

Arrosez avec le rhum et ajoutez le mascarpone sur le côté des coupes ou du plat.

UN REPAS
COMME À LA FERME

*Imaginez un potager provençal
et des légumes gorgés de soleil,
vous aurez votre premier plat.
Imaginez ensuite le panier
du fermier empli d'œufs
tout frais pondus,
voilà votre second plat.
Songez enfin aux pommiers
normands qui nous fournissent
le calvados, et aux vaches qui
nous donnent la meilleure
des crèmes fraîches. Et voilà
votre dessert pour ce menu
fermier, certes, mais raffiné !*

CAPONATA

**ŒUFS AU GRATIN
SUR LIT D'OIGNONS
À LA SAUCE ROQUEFORT
RIZ BASMATI**

**TARTE AUX POMMES
À LA CRÈME DE CALVADOS**

CAPONATA

Je le redis, au risque de me répéter, j'adore la cuisine italienne sous toutes ses formes, et surtout, oui surtout, j'aime la manière toujours inattendue et renouvelée dont les Italiens préparent leurs légumes. En voici un exemple qui nous vient de Sicile.

Les Siciliens servent ce plat avec des anchois, mais pour un repas végétarien, nous n'en mettrons pas. Qu'importe ! Cette caponata est déjà si savoureuse...

- *750 g d'aubergines débitées en petits dés*
- *2 bonnes cuillerées à soupe d'huile d'olive*
- *4 côtes de céleri coupées en bâtonnets*
- *1 gros oignon haché*
- *1 grosse cuillerée à soupe de sucre*
- *2 cuillerées à soupe de vinaigre de vin rouge*
- *1 boîte d'1/2 kg de tomates en conserve pelées et épépinées*
- *1 cuillerée à soupe de concentré de tomate*
- *120 g d'olives vertes dénoyautées*

- *1 cuillerée à soupe de raisins de Smyrne*
- *1 cuillerée à soupe de câpres*
- *30 g de pignons de pin*
- *sel et poivre du moulin*
- *persil plat haché*
- *quartiers de citron pour décorer*

Mettez vos aubergines coupées en dés dans une passoire avec du gros sel et laissez égoutter 1 heure. Rincez-les et séchez-les.

Diluez le sucre dans le vinaigre, et versez sur les légumes. Ajoutez les tomates soigneusement égouttées, le concentré de tomate, les olives, les raisins et les câpres. Assaisonnez à votre goût. Faites chauffer et amenez à ébullition, puis réduisez le feu et laissez frissonner 15 minutes environ en remuant fréquemment. Ajoutez alors les pignons.

Versez dans un plat de service et laissez refroidir. Décorez avec du persil et des quartiers de citron.

ŒUFS AU GRATIN SUR LIT D'OIGNONS À LA SAUCE ROQUEFORT

Pour réussir ce plat très simple, un secret : il faut que les oignons cuisent très lentement : ainsi ils seront moelleux et d'un goût presque sucré qui créera un contraste intéressant avec la saveur un peu âpre du roquefort dans la sauce.

Faites un gros gratin ou 6 petits, dans des plats individuels, pour une présentation un peu plus sophistiquée. Vous pouvez aussi remplacer les œufs ordinaires par des œufs de caille.

- *2 cuillerées à soupe d'huile d'olive*
- *1 kg d'oignons émincés*
- *90 g de beurre plus de quoi graisser votre moule*
- *9 œufs durs écalés et coupés par moitié, ou 36 œufs de caille durs et seulement écalés*
- *60 g de farine*
- *1/2 l de lait*
- *120 g de roquefort émietté*
- *60 g de chapelure*
- *sel et poivre du moulin*

La caponata (ci-contre, en haut) est une spécialité sicilienne que l'on sert en hors-d'œuvre.

Dans une grande poêle, faites chauffer la moitié de l'huile à feu moyen et mettez à revenir le céleri pendant 10 minutes. Ajoutez l'oignon et laisser au feu encore 10 minutes en remuant souvent. L'oignon doit dorer sans brûler.

Sortez les légumes à l'écumoire, et réservez-les dans un bol.

Ajoutez le reste d'huile dans la poêle et chauffez-la. Faites-y sauter les aubergines coupées en dés 10 à 15 minutes en les remuant souvent. Il faut qu'elles dorent. Remettez dans la poêle le céleri et l'oignon.

Faites chauffer l'huile à feu moyen dans une grande cocotte et mettez à cuire les oignons. Salez, poivrez et faites cuire en remuant souvent 5 à 10 minutes.

Après quoi, baissez le feu au minimum ou placez votre cocotte sur une plaque d'amiante. Couvrez-la et laissez fondre très doucement les oignons pendant au moins 1 heure en remuant de temps en temps afin qu'ils n'accrochent pas. Lorsqu'ils sont cuits, ils doivent avoir la consistance d'une marmelade et une jolie couleur dorée translucide.

Un peu avant la fin de la cuisson des oignons, préchauffez le four à 180 °C (thermostat 4) et beurrez abondamment un plat à four(ou 6 petits).

Tapissez le fond de votre plat avec les oignons et disposez les moitiés d'œufs dessus.

Dans une casserole, faites fondre les 2/3 du beurre et ajoutez la farine. Faites cuire en tournant 2 à 3 minutes à feu doux. Attention aux grumeaux ! Ajoutez le lait et amenez à ébullition en battant au fouet. Quand la béchamel épaissit, réduisez le feu et laissez cuire encore 5 minutes sans cesser de battre. Ajoutez alors le roquefort et assaisonnez à votre goût. Méfiez-vous du roquefort déjà salé. Laissez au feu encore 1 ou 2 minutes pour que le fromage fonde et se mélange.

Nappez les œufs de cette sauce, saupoudrez de chapelure, et ajoutez le reste de beurre coupé en petits morceaux.

Enfournez environ 30 minutes. Sortez quand le dessus est bien doré, et servez avec du riz basmati nature.

TARTE AUX POMMES À LA CRÈME DE CALVADOS

Cette recette, une variante de la traditionnelle tarte aux pommes, me vient d'un chef français de mes amis, Jean Pierre Lelettier.

Jean Pierre, bien sûr, confectionne sa pâte feuilletée, et vous pouvez le faire aussi si le cœur vous en dit. Mais on en trouve de la toute prête, excellente, dans tous les supermarchés. Alors, pourquoi s'en priver ?

N'ayez pas la main trop lourde avec le calvados : c'est un alcool très parfumé et qui deviendrait vite entêtant.

- *500 g de pâte feuilletée*
- *6 belles pommes*
- *3 cuillerées à soupe de confiture d'abricots passée au tamis*

Pour la crème :
- *90 g de sucre en poudre*
- *3 dl de crème fraîche liquide*
- *1 cuillerée à soupe de calvados (à défaut, prenez du cognac)*

Pour la marmelade :
- *3 pommes pelées dont vous aurez enlevé le cœur et que vous hacherez grossièrement*
- *30 g de beurre*

Commencez par préparer la crème de calvados : dans une petite casserole, faites fondre le sucre dans un peu d'eau, puis laissez cuire à feu moyen pour obtenir un caramel bien doré mais surtout pas trop noir.

Mélangez tout de suite la crème fraîche à ce caramel qui, aussitôt, va se solidifier. Remettez le mélange à chauffer, amenez à ébullition et laissez frémir 2 à 3 minutes en remuant constamment. Le caramel doit avoir fondu à nouveau et se mélanger à la crème de manière homogène. Alors seulement retirez du feu et ajoutez le calvados ou le cognac. Mettez à refroidir au réfrigérateur.

Préchauffez votre four à 200 °C (thermostat 6).

Étalez votre pâte feuilletée en une abaisse très fine et découpez 6 cercles de 12 cm de diamètre environ. Disposez-les sur la plaque à pâtisserie du four après l'avoir mouillée. Mettez au froid.

Préparez à présent une marmelade de pommes. Pour cela pelez 3 pommes, ôtez-leur le cœur et hachez-les grossièrement. Mettez-les à cuire dans une casserole à feu très doux avec deux cuillerées à soupe d'eau et le beurre. Au bout de 10 à 15 minutes, vous devez obtenir une purée. Pour la rendre plus lisse, passez-la au mixer ou au moulin à légumes, puis mettez au frais.

Pelez vos 6 pommes et coupez-les en deux. Ôtez les cœurs puis découpez chaque moitié en tranches fines sans que celles-ci se détachent complètement. Il vous faut pour cela un couteau très bien affûté. Cela fait, étalez chaque moitié de pomme avec la paume de la main de sorte que les tranches se placent à la façon d'un éventail et forment un joli demi-cercle. Attention de ne pas les briser !

Tapissez de marmelade de pommes vos cercles de pâte feuilletée, en laissant libre un bord de 2 cm environ. Sur chaque cercle, disposez ensuite 2 moitiés de pomme en éventail qui devraient recouvrir toute la surface tapissée de marmelade.

Enfournez 20 minutes environ, c'est-à-dire le temps que les pommes deviennent tendres et la pâte bien dorée.

En fin de cuisson, faites fondre la confiture d'abricots dans une casserole avec une cuillerée à soupe d'eau. Puis, dès que vous aurez sorti les tartes du four, glacez-les avec cette confiture chaude.

Au moment de servir, versez de la crème de calvados glacée dans 6 assiettes et disposez dessus vos tartes chaudes. Servez sans attendre.

Tarte aux pommes à la crème de calvados : choisissez, pour la confectionner, des pommes vertes légèrement acidulées.

UN REPAS
AUX COULEURS
DE L'ÉTÉ

*Un repas réussi doit ravir le
goût, l'odorat, mais aussi la vue.
À table, le plaisir des yeux est,
à mon sens, essentiel.
Le menu qui suit vous
enchantera par sa symphonie
de couleurs : le rouge des
tomates, l'or de la polenta,
les tons contrastés de la salade
et l'éclat de ces joyaux
que sont les fruits de l'été.*

SALADE DE TOMATES AU BASILIC
FOUGASSE AU ROMARIN

POLENTA FRITE
AUX CHAMPIGNONS ET ARTICHAUTS
SALADE BICOLORE

COCKTAIL DE FRUITS DE L'ÉTÉ
AU PINEAU DES CHARENTES

SALADE DE TOMATES AU BASILIC

Rien n'est plus frais, délicieux, savoureux qu'une salade de tomates au basilic. Banal, me direz-vous ? Peut-être, mais en été, quand les tomates sont gorgées de soleil et le basilic bien parfumé, pourquoi s'en priver ? Peu d'entrées sont aussi parfaites, s'agissant de l'harmonisation des saveurs.

Il faut évidemment des tomates bien mûres (mais pas molles !) et éviter celles de serre dont le goût est trop fade.

Pour ma part, j'y ajoute de ces tomates séchées et conservées dans l'huile, car elles réhaussent encore le parfum de leurs homologues fraîches.

- *1 kg de tomates bien mûres coupées en tranches et épépinées*
- *4 cuillerées à soupe de vinaigrette*
- *1 gousse d'ail écrasée (facultatif)*
- *1 cuillerée à soupe de tomates séchées et conservées dans l'huile, bien égouttées et grossièrement hachées*
- *1 bonne cuillerée à soupe de feuilles de basilic frais*

Disposez les tranches de tomates sur un plat de service un peu creux.

Mélangez l'ail à la vinaigrette et versez sur les tomates. Répartissez les tomates séchées hachées gros, et laissez reposer 30 minutes à 1 heure à température ambiante.

Disposez les feuilles de basilic juste avant de servir.

FOUGASSE AU ROMARIN

La fougasse (*focaccia* en italien) est un pain plat que l'on trouve en Provence comme en Italie, et qui rappelle un peu une pizza toute simple. En Italie, il en existe autant de recettes que de cuisiniers.

Personnellement, je me sers de levure chimique, plus facile à utiliser que la levure traditionnelle des boulangers.

- *700 g de farine de boulanger*
- *1 sachet de levure chimique*
- *1 bonne pincée de sel*
- *1 cuillerée à soupe de feuilles de romarin frais, 1/2 si le romarin est sec*
- *3 cuillerées à soupe d'huile d'olive plus de quoi graisser la plaque du four*
- *1/2 l d'eau chaude*
- *gros sel*

Disposez la farine en puits dans une terrine avec la levure, le sel et la moitié du romarin. Incorporez 2 cuillerées à soupe d'huile et l'eau chaude, et travaillez pour obtenir une boule de pâte ferme.

Pétrissez cette pâte 10 minutes au moins, comme expliqué page 15.

Reformez une boule et placez-la sur une surface farinée. Saupoudrez de farine et recouvrez de film transparent ou d'un torchon. Mettez de côté à température ambiante et attendez que votre pâte lève. Elle doit doubler de volume.

Préchauffez votre four à 230 °C (thermostat 8) et graissez la tôle du four avec un peu d'huile.

Étendez votre pâte et donnez-lui une forme ovale, puis placez-la sur votre tôle. Laissez-la lever encore 1 heure. Elle doit doubler en épaisseur.

Du bout des doigts, formez sur sa surface des petits creux. Arrosez du reste d'huile d'olive, puis saupoudrez avec le reste de romarin et de gros sel.

Mettez à cuire au four 15 minutes environ. La fougasse doit être dorée, mais l'intérieur doit demeurer souple. Coupez en morceaux et servez froid ou chaud.

POLENTA FRITE AUX CHAMPIGNONS ET ARTICHAUTS

Les Italiens adorent la polenta, cette sorte de pâte faite avec de la farine du même nom, à base de maïs. Ils la préparent de mille et une manières, toutes aussi délicieuses. Ici, on donnera à la polenta la forme d'un cake et, une fois refroidie, on la coupera en tranches que l'on fera griller ou frire Personnellement, je la préfère frite.

- *1,5 l de fond de légumes*
- *2 cuillerées à café de sel*
- *350 g de farine de polenta*
- *3 cuillerées à soupe d'huile d'olive plus de quoi graisser la plaque du four*
- *350 g de champignons grossièrement hachés au couteau*
- *2 gousses d'ail écrasées*
- *1 cuillerée à soupe de persil haché*
- *250 g de fonds d'artichauts en conserve, égouttés et grossièrement hachés au couteau*
- *450 g de brie coupé en fines lamelles*
- *sel et poivre du moulin*

Dans une casserole, portez à ébullition le bouillon auquel vous aurez ajouté le sel. Versez ensuite la farine de polenta en mélangeant énergiquement pour éviter les grumeaux. Laissez cuire en tournant toujours pendant 5 à 10 minutes.

Versez dans un moule à cake de 1,75 l préalablement huilé, et laissez refroidir pendant 1 heure au moins.

Préchauffez le grill du four si vous avez l'intention de faire griller votre polenta.

Une fois froide, démoulez celle-ci sur votre plan de travail et coupez 12 tranches de 2 cm 1/2 d'épaisseur.

À l'aide d'un pinceau, badigeonnez ces tranches d'huile d'olive sur leurs deux faces.

Ensuite, selon votre choix, faites griller vos tranches au four ou faites-les frire. Dans ce dernier cas, je conseille une poêle à fond épais et strié pour éviter que la polenta n'attache. Laissez frire vos tranches 3 à 4 minutes de chaque côté, afin qu'elles prennent une belle couleur dorée et soient croustillantes.

Conservez au chaud.

Faites doucement chauffer le reste d'huile dans une autre poêle, et mettez les champignons hachés à revenir avec l'ail 5 à 10 minutes. Ils doivent rendre leur eau. Ajoutez alors les artichauts hachés, assaisonnez de sel et de poivre et laissez cuire encore 2 à 3 minutes.

Préchauffez votre four à 190 °C (thermostat 5) et graissez à l'huile l'une des plaques.

Disposez sur cette plaque 6 tranches de polenta frites ou grillées, recouvrez-les de votre duxelles de légumes, et refermez avec les 6 tranches restantes, à la façon d'épais sandwiches. Disposez enfin le brie émincé sur chacun des « sandwiches » et enfournez 5 minutes. Le fromage doit fondre.

Sortez du four et servez immédiatement avec une bonne salade.

SALADE BICOLORE

On oublie trop souvent les carottes dans
les salades mélangées. Pourtant, râpées et
alliées à une laitue bien verte et bien
ferme, elles ajoutent une consistance un
peu juteuse et rafraîchissante à la salade,
en offrant un contraste de couleurs du plus
heureux effet.

Vous pouvez aussi mélanger des
carottes râpées à la mâche, à la batavia, au
cresson, mieux encore à la roquette – cette
salade un peu amère que l'on trouve par
temps froid seulement : dans ce dernier
cas vous obtiendrez un délicieux contraste
de goûts, entre l'amertume de la salade
verte et le parfum sucré des carottes.

- *115 g de feuilles de salade verte
  proprement parée et déchirée en
  morceaux*
- *2 carottes moyennes râpées*
- *3 cuillerées à soupe de vinaigrette (voir
  recette page 18)*

Mélangez la salade et les carottes dans un
grand saladier.

Au moment de servir, arrosez de
vinaigrette et remuez bien.

COCKTAIL DE FRUITS DE L'ÉTÉ AU PINEAU DES CHARENTES

Le Pineau des Charentes est un vin apéritif délicieux que l'on fait dans la région de Cognac avec le cépage du même nom et du cognac.

Il en existe du blanc très fruité et que l'on sert glacé, ou même avec de la glace.

Il en existe aussi du rosé qui est en réalité d'un rouge très foncé et rappelle un peu le porto. Celui-là peut-être délicieux, servi avec le fromage.

Il y a quelques années, le Pineau des Charentes était encore peu connu. Aujourd'hui on en trouve chez tous les bons marchands de vin, et souvent aussi dans les supermarchés de qualité.

- *1 kg environ de fruits assortis : pêches, brugnons, fraises, prunes, mûres, etc.*
- *3 dl de Pineau des Charentes blanc*
- *sucre en poudre*

Pelez les fruits dont la peau est rêche (brugnons, pêches, prunes aussi parfois) et coupez-les tous en morceaux.

Placez-les dans un saladier, et arrosez avec le Pineau. Recouvrez de film transparent et mettez au froid 3 à 6 heures afin que tous les parfums s'exhalent et se mélangent.

Givrez le bord de 6 grands verres à vin : pour ce faire, trempez-le dans l'eau puis dans le sucre en poudre.

Répartissez dans les verres la salade de fruits ainsi que le « jus », et servez immédiatement.

Cocktail de fruits de l'été au Pineau des Charentes : une symphonie de saveurs et de couleurs.

UNE SOIRÉE
PIZZA

*Voilà un repas intelligent
pour une soirée simple
entre amis ou en famille.
Vous réunirez vos convives
pour un verre
autour du barbecue,
puis à la cuisine où ils vous
aideront à préparer
les garnitures des pizzas.
Un repas idéal pour l'été,
qui régalera les jeunes
comme les moins jeunes...*

**BARBECUE
DE LÉGUMES ASSORTIS**

**PIZZA
AU FROMAGE DE CHÈVRE,
TOMATES, OLIVES ET CÂPRES**

**MOUSSE DE FRUITS DE LA PASSION
AU PINEAU ET SUCRE BRÛLÉ**

BARBECUE
DE LÉGUMES ASSORTIS

Pour beaucoup, le mot « barbecue » évoque systématiquement la viande. Mais pourquoi les végétariens se priveraient-ils de ce mode de cuisson si savoureux ? Bien des légumes sont délicieux grillés.

Ceux que j'énumère ici ne sont qu'une indication : choisissez-les selon vos goûts et les saisons. Et si, d'aventure, le mauvais temps vous interdit l'usage du barbecue, faites cuire vos légumes au gril !

- *2 fenouils dont vous aurez ôté le cœur trop dur*
- *3 endives*
- *3 poivrons doux*
- *2 aubergines*
- *1,5 dl d'huile d'olive vierge*
- *sel et poivre du moulin*
- *quartiers de citron pour la présentation, ainsi que du persil haché ou des fines herbes*

Coupez vos fenouils en tranches d'1,5 cm d'épaisseur environ.

Coupez vos endives en 2, ainsi que vos poivrons que vous prendrez soin d'épépiner.

Coupez vos aubergines en tranches comme vous avez fait pour les fenouils.

À l'aide d'un pinceau, enduisez tous ces légumes d'huile d'olive et saupoudrez de sel et de poivre du moulin avant de laisser mariner sur une assiette pendant environ 30 minutes

Allumez votre barbecue et préparez un feu très chaud (ou mettez le gril du four à la puissance maximum).

Enduisez à nouveau vos légumes d'huile d'olive et disposez-les sur la grille de votre barbecue, que vous placerez assez haut au-dessus du feu.

Si vous utilisez votre four pour la cuisson, ne placez pas vos légumes trop près du gril : comme au barbecue, ils risqueraient de brûler sans cuire.

Laissez griller 6 à 8 minutes en les tournant une fois seulement. Il faut qu'ils grillent et s'attendrissent sans carboniser.

Disposez ensuite sur un plat de service et servez chaud décoré de fines herbes et de quartiers de citron.

PIZZA
AU FROMAGE DE CHÈVRE, TOMATES, OLIVES ET CÂPRES

Je n'étais pas grand amateur de pizza jusqu'au jour où j'ai acheté ma maison en Provence. En effet dans le village où elle se trouve, il est un petit restaurant spécialisé dans les pizzas et les salades. Le restaurateur – qui est devenu l'un de mes amis – cuit ses pizzas dans un four à pain chauffé au bois, et sa pâte est la plus fine qui soit. C'est lui qui m'a appris qu'on peut fort bien ne pas garnir une pizza avec du coulis de tomate. Il existe mille et une autre manières de l'accommoder.

Ne disposant pas d'un four à bois, je me suis efforcé de « copier » la pizza de mon ami provençal en l'adaptant à mon four électrique, et j'avoue que le résultat est satisfaisant.

J'ai un jour exécuté la recette ci-dessous avec de la feta, à défaut de fromage de chèvre. C'était excellent. Je vous recommande aussi la mozzarella.

- *6 cuillerées à soupe d'huile d'olive vierge, plus de quoi graisser la tôle du four*
- *1 boule de pâte à pain (reportez-vous à la recette de la page 15 et doublez les mesures) que vous prendrez soin de laisser lever*
- *1 kg de belles tomates bien mûres épluchées et coupées en tranches*
- *2 beaux oignons frais émincés finement*
- *350 g de fromage de chèvre coupé en petits dés (choisissez du fromage un peu sec et non pas frais: cuit, il sera meilleur)*
- *1 bonne trentaine d'olives noires et vertes mélangées, dénoyautées*
- *1 cuillerée à soupe de câpres bien égouttées*
- *sel et poivre du moulin*

Préchauffez le four à 230 °C (thermostat 8) et graissez 2 ou 3 tôles à l'huile d'olive.

Divisez la pâte en 6 partie égales et étendez chacune sur une surface légèrement farinée de manière à obtenir une abaisse ronde très fine d'environ 20 cm de diamètre. Placez-les sur vos tôles. Si celles-ci sont trop petites pour recevoir 2 pizzas, vous devrez faire 2 fournées.

Sur chaque pizza, répartissez les tranches de tomates et d'oignons, piquetez d'olives et de câpres et arrosez d'une cuillerée à soupe d'huile d'olive. Répartissez ensuite vos dés de fromage de chèvre, salez et poivrez.

Enfournez 1/4 d'heure environ. La pâte doit être bien cuite et très croustillante.

Dégustez immédiatement. Froide, la pizza n'est plus bonne

MOUSSE
DE FRUITS DE LA PASSION AU PINEAU ET SUCRE BRÛLÉ

Il existe de multiples variantes de cette recette que j'adore non seulement à cause de sa saveur divine, mais aussi parce qu'elle se fait en un tournemain.

Le sucre brûlé n'est pas indispensable, mais il rend la présentation très spectaculaire, or je le dis et le répète, à table, le plaisir de l'œil est capital.

Les fruits de la passion se trouvent chez tous les bons primeurs.

- *1,5 dl de Pineau des Charentes (à défaut, prenez du sherry)*
- *la pulpe de 8 fruits de la passion*
- *90 g de sucre semoule*
- *3 dl de crème fraîche double*

Dans un bol, battez le Pineau, 60 g de sucre semoule et la crème fraîche jusqu'à ce que le mélange durcisse comme pour la crème fouettée. Ajoutez, en battant toujours, la moitié de la pulpe des fruits de la passion.

Versez dans 6 gros verres ballon et placez au réfrigérateur.

Préparez pendant ce temps le sucre brûlé: préchauffez le gril du four et couvrez une tôle de papier d'aluminium.

Saupoudrez cette surface bien lisse avec le reste du sucre semoule prenant soin de laisser tout le tour du papier libre, et sans sucre.

Placez la tôle dans le four, sous le gril, mais pas trop près. Au bout de 2 ou 3 minutes, le sucre va cuire en caramel. Sortez-le alors et laissez refroidir.

Quand le caramel a durci, et donc refroidi, détachez-le du papier d'aluminium et cassez-le en petits « éclats ».

Au moment de servir, ajoutez dans les coupes le reste de pulpe de fruit, et parsemez d'« éclats » de sucre brûlé.

Ci-contre, en haut, un assortiment de légumes à cuire au barbecue.

MON MENU
3 ÉTOILES

*Lorsqu'un repas se compose
de trois plats, le deuxième,
généralement accompagné
d'une sauce et de légumes,
est le plus important.
L'entrée et le dessert n'ont alors
qu'un rôle mineur.
Je vous propose ici un menu
d'apparat où les deux premiers
plats se le disputent en saveur,
bonté et présentation.
Quant au dessert, il n'a rien à
envier aux deux autres !*

**DARIOLES D'ASPERGES
AU BEURRE BLANC
ET PETITS LÉGUMES**

**GNOCCHIS SUR LIT D'ÉPINARDS
ET PETITS POIS
SALADE VERTE**

GÉNOISE AUX POMMES ET CHOCOLAT

DARIOLES D'ASPERGES AU BEURRE BLANC ET PETITS LÉGUMES

Ces petits flans d'asperges divinement crémeux présentés en ramequins sont enfantins à préparer. Ils n'en sont pas moins d'une rare finesse et ne dépareraient pas la carte des plus grands restaurants.

Quant au beurre blanc « fantaisie » qui les accompagne, conservez-le au chaud sur un bain-marie.

- 30 g de beurre plus ce qu'il faut pour graisser les ramequins
- 1/2 kg de pointes d'asperges (soit 1 bon kg d'asperges bien épluchées)
- 1 petit oignon haché
- 3 œufs
- 1,5 dl de crème fraîche double
- sel et poivre du moulin

Pour le beurre blanc :
- 2 échalotes finement hachées
- 1 cuillerée à soupe de vin blanc
- 1 cuillerée à soupe de vinaigre de vin blanc
- 225 g de beurre coupé en petits dés
- 60 g de pois mange-tout blanchis et grossièrement hachés
- 60 g de carottes cuites coupées en dés

Préchauffez le four à 190 °C (thermostat 5) et beurrez 6 ramequins de préférence en porcelaine à feu.

Faites blanchir les asperges 8 à 10 minutes dans de l'eau bouillante salée. Égouttez, passez sous l'eau froide, égouttez à nouveau et coupez les pointes en petits tronçons.

Faites fondre le beurre dans une petite casserole à fond épais et mettez l'oignon à cuire à feu modéré en remuant de temps en temps. Il doit devenir translucide.

Passez au mixer les asperges et l'oignon cuit. Ajoutez, en mixant toujours, les œufs un à un, puis la crème. Assaisonnez.

Versez cet appareil dans les ramequins que vous couvrirez de papier d'aluminium avant de les placer dans un bain-marie que vous enfournerez 40 minutes. L'appareil doit prendre à la façon d'un flan.

Pendant ce temps, préparez le beurre blanc : dans une petite casserole, faites cuire les échalotes dans le vin blanc et le vinaigre jusqu'à ce que le liquide réduise des 2/3. Il faut pour cela 5 minutes environ, car la réduction doit se faire à feu doux afin que l'échalote rende tout son parfum.

Toujours à feu doux, incorporez 2 par 2 les petits dés de beurre en battant vigoureusement au fouet. Cette opération doit prendre 4 à 5 minutes. Le beurre ne doit pas cuire sinon l'émulsion ne se ferait pas. Une fois tout le beurre incorporé, la sauce aura un aspect crémeux et très pâle. Goûtez et assaisonnez à votre goût.

Ajoutez les pois mange-tout et les carottes, et tenez au chaud comme indiqué plus haut. Au moment de servir, démoulez vos darioles et nappez-les de beurre blanc aux petits légumes.

GNOCCHIS SUR LIT D'ÉPINARDS ET PETITS POIS

Ces gnocchis à la semoule sont une variante des gnocchis à la romaine. Je sers les miens sur une couche d'épinards et de petits pois, recouverts de parmesan.

Servez-les très chauds, dès leur sortie du four. Il s'agit d'un plat que vous pouvez préparer plusieurs heures à l'avance et n'enfourner qu'au dernier moment.

- 1 kg d'épinards frais
- 80 g de beurre
- 1/2 l de lait
- 200 g de semoule moyenne
- 80 g de parmesan rapé
- 2 œufs battus
- 150 g de petits pois surgelés et décongelés
- sel et poivre du moulin
- noix de muscade fraîchement rapée

Équeutez les épinards et lavez-les abondamment sous l'eau froide. Égouttez-les.

Dans une grande cocotte, faites fondre la moitié du beurre à feu modéré. Ajoutez les épinards, couvrez et laissez cuire environ 3 minutes. Remuez 1 fois ou 2 pour éviter qu'ils n'accrochent. Assaisonnez et ajoutez une pincée de noix de muscade, puis mettez-les à égoutter dans une passoire.

Dans une casserole de bonne taille, amenez le lait à ébullition avec la moitié du reste de beurre. Versez la semoule et tournez vigoureusement pour qu'elle cuise en s'incorporant au lait sans faire de grumeaux. Baissez le feu le plus possible, assaisonnez, sel, poivre et noix de muscade et laissez cuire encore 10 minutes environ en remuant toujours. La semoule ne doit pas accrocher au fond de la casserole.

Ajoutez la moitié du parmesan, retirez du feu, laissez refroidir quelques minutes et incorporez les œufs battus.

Étalez ensuite cette semoule sur une surface lisse (un plan de travail que vous aurez recouvert de papier d'aluminium, par exemple) en une couche régulière de 2 cm d'épaisseur environ, et laissez refroidir au moins 1 heure.

Préchauffez le four à 220 °C (thermostat 7). À l'aide d'une roulette à pâtisserie, ou tout simplement d'un verre dont le bord vous servira d'emporte-pièce, découpez des gnocchis ronds.

Tapissez le fond d'un plat à gratin avec vos épinards, puis vos petits pois. Faisant attention de ne pas les briser, disposez ensuite vos gnocchis afin qu'ils se chevauchent un peu à la façon des tuiles d'un toit.

Saupoudrez avec le reste de fromage et parsemez avec le reste de beurre coupé en petit morceaux. Enfournez 15 à 20 minutes. Le dessus doit dorer et gratiner.

GÉNOISE AUX POMMES ET CHOCOLAT

Sydney est certainement la ville que je préfère au monde, et pas seulement pour son climat et ses plages de rêve : aussi à cause de ses fabuleux restaurants. C'est un de leurs chefs qui m'a communiqué la recette ci-dessous : il s'agit d'un gâteau exquis mais léger aussi, et très moelleux car il ne contient ni matière grasse, ni farine. Essayez-le, vous m'en direz des nouvelles !

- *4 œufs*
- *120 g de sucre en poudre*
- *120 g de chocolat de ménage fondu*
- *1 belle pomme râpée*
- *120 g d'amandes pilées*
- *un peu d'huile végétale pour graisser le moule*
- *crème fouettée pour décorer*

Préchauffez le four à 180 °C (thermostat 4), et graissez un moule à gâteau de 20 cm de diamètre, à fond amovible.

Battez les jaunes d'œufs avec le sucre jusqu'à ce que le mélange devienne mousseux. Ajoutez le chocolat, les amandes et la pomme.

Battez les blancs d'œufs en neige très ferme, et ajoutez-les à l'appareil précédent.

Versez le tout dans le moule et enfournez environ 45 minutes.

Démoulez votre gâteau, laissez-le refroidir puis saupoudrez-le avec du sucre glace et décorez avec la crème fouettée.

SYMPHONIE ÉPICÉE DU NOUVEAU MONDE

*Conjurez l'hiver finissant
avec ce menu épicé
et revigorant
où l'on retrouve
toute l'Amérique,
depuis le brûlant Mexique
jusqu'à l'accueillante
Nouvelle Angleterre !*

**CROQUETTES DE HARICOTS ROUGES
AUX AVOCATS**

**CHILI AUX CHAMPIGNONS
EN CROÛTE DE MAÏS**

**CHIFFONNADE DE CRESSON,
À L'AIL ET HUILE D'OLIVE**

**CHAUSSONS AUX POMMES
À LA MODE DU VERMONT**

- *3 cuillerées à soupe d'huile d'olive*
- *2 gros oignons hachés*
- *2 gousses d'ail écrasées*
- *2 piments épépinés et finement hachés*
- *1 boîte d'1 kg de haricots rouges bien égouttés*
- *160 g de cheddar râpé*
- *3 avocats bien mûrs*
- *le jus de 2 citrons verts*

Pour la présentation :
- *des feuilles de salade*
- *des quartiers de citron vert*

Dans une sauteuse, faites chauffer les 2/3 de l'huile à feu modéré, et mettez à revenir les oignons, l'ail et les piments. Laissez cuire 10 à 15 minutes en remuant de temps en temps. Le tout doit prendre une couleur brun doux.

Écrasez les haricots à la fourchette ou passez-les rapidement au mixer, et ajoutez cette purée au contenu de la sauteuse. Mélangez et assaisonnez de façon bien relevée. Versez dans un saladier et placez au réfrigérateur.

Quand le mélange est refroidi, formez 12 petites galettes comme la viande hachée d'un hamburger.

Mettez à chauffer le reste d'huile dans une poêle, et faites frire vos galettes 2 à 3 minutes de chaque côté. Conservez au chaud.

Préchauffez le gril du four. Quand il est chaud, placez vos croquettes sur une plaque huilée, saupoudrez-les de fromage râpé, et enfournez. Attendez pour les retirer que le fromage ait fondu.

Pelez et dénoyautez les avocats et coupez-les en tranches. Placez-les dans un bol et versez dessus le jus des citrons verts.

Pour servir, dressez 2 croquettes sur chaque assiette, et garnissez avec des feuilles de salade et des tranches d'avocat, ainsi qu'avec des quartiers de citron vert.

CROQUETTES DE HARICOTS ROUGES AUX AVOCATS

Il s'agit là d'un plat traditionnel mexicain que j'ai cependant beaucoup modifié pour l'adapter à nos papilles européennes. Vous le servirez seul, en entrée, ou alors en plat principal accompagné d'une bonne salade.

Méfiez-vous des piments, certains sont plus forts que d'autres sans que rien dans leur apparence ne le laisse soupçonner. En général, plus ils sont gros, plus ils sont doux, mais il y a des exceptions.

CHILI AUX CHAMPIGNONS EN CROÛTE DE MAÏS

J'ai découvert cette recette dans un vieux livre de cuisine américain, et je l'ai un peu adaptée. Il s'agissait à l'origine d'un chili con carne, c'est-à-dire préparé avec du bœuf haché, que j'ai tout simplement remplacé par des champignons, hachés eux aussi. Il en résulte un plat beaucoup plus léger et divinement rafraîchissant. Je vous conseille cependant d'ajouter à vos champignons de Paris, quelques champignons secs chinois. Ils ont tant de parfum ! De même ces champignons séchés italiens que l'on trouve en sachets dans toutes les épiceries fines.

À défaut de farine de maïs, pourtant très répandue en Amérique, n'hésitez pas à utiliser de la polenta italienne pour vos galettes. Le résultat est identique.

- *20 g de champignons secs*
- *1 cuillerée à soupe d'huile d'olive*
- *2 oignons hachés*
- *500 g de champignons de Paris grossièrement hachés*
- *1 poivron vert épépiné et haché gros*
- *1 boîte de 500 g de tomates pelées et épépinées*
- *4 à 6 piments frais épépinés et hachés*
- *1 boîte de 500 g de haricots rouges bien égouttés*
- *du piment en poudre selon le goût*
- *sel et poivre du moulin*

Pour la « croûte » de maïs :
- *1/2 l de lait*
- *3 œufs*
- *30 g de beurre doux*
- *90 g de farine de maïs (ou de polenta)*
- *1 cuillerée à café de sel*
- *2 cuillerées à café de levure chimique*

Faites tremper les champignons secs pendant 1/2 heure dans de l'eau tiède. Puis égouttez-les. Réservez l'eau. Hachez-les grossièrement.

Dans une sauteuse, faites chauffer l'huile à feu modéré, et mettez les oignons à revenir 5 à 10 minutes en remuant souvent. Ils doivent dorer et devenir translucides. Ajoutez les champignons de Paris et laissez cuire à feu plus vif 5 à 10 minutes encore. Les champignons doivent rendre leur eau.

Ajoutez les champignons secs ainsi que leur eau de trempage, le poivron doux haché, les tomates non égouttées, les piments, puis enfin les haricots rouges. Assaisonnez bien. Laissez cuire encore 15 minutes à feu doux en remuant de temps en temps. L'appareil doit avoir la consistance d'une sauce bolognaise bien épaisse. S'il est trop liquide, augmentez le feu afin que l'eau s'évapore jusqu'à consistance voulue.

Vérifiez encore l'assaisonnement et selon votre goût, ajoutez le piment en poudre.

Versez cette « mixture » dans un plat allant au four, et laissez refroidir.

Faites chauffer le four à 200 °C (thermostat 6).

Préparez votre « croûte » : dans un bol, battez les œufs avec 1,5 dl de lait. Faites ensuite chauffer dans une casserole le reste de lait avec le beurre. Quand le lait arrive à ébullition, baissez le feu, et versez la farine de maïs ou la polenta. Remuez bien afin d'éviter les grumeaux. Salez et ôtez du feu. Laissez refroidir 5 minutes.

Incorporez progressivement à cet appareil votre mélange d'œufs et de lait et ajoutez la levure. Mélangez bien. Versez alors sur votre chili aux champignons et enfournez.

Laissez cuire 30 à 40 minutes. La croûte doit lever et dorer.

L'huile d'olive parfumée au piment s'utilise couramment pour relever les pizzas. Pour la confectionner, on utilise des piments séchés.

CHIFFONNADE DE CRESSON, À L'AIL ET HUILE D'OLIVE

J'adore le cresson : c'est une de mes salades préférées. Cuit, il constitue aussi un légume délicieux, qu'on l'accommode en soupe ou qu'on le mange simplement en branches à la façon des épinards. Traditionnellement on y ajoute, comme dans les épinards, de la crème fraîche. Quant à moi, je le préfère assaisonné à l'ail et à l'huile d'olive.

- *2 cuillerées à soupe d'huile d'olive vierge*
- *3 bottes de cresson équeuté, bien lavé et également bien essoré (utilisez donc votre essoreuse à salade)*
- *2 gousses d'ail écrasées*
- *le jus d'1 citron*
- *30 g d'amandes grillées*
- *sel et poivre du moulin*

Dans une cocotte faites chauffer l'huile à feu modéré. Ajoutez le cresson, l'ail, le sel et le poivre. Couvrez et laissez cuire 2 à 3 minutes en remuant de temps en temps.

Retirez du feu, et sans découvrir la cocotte, laissez le cresson achever de cuire dans sa propre vapeur pendant encore 2 minutes.

Versez le contenu de la cocotte dans un plat de service chauffé, arrosez avec le jus de citron et parsemez d'amandes grillées.

Servez immédiatement.

CHAUSSONS AUX POMMES À LA MODE DU VERMONT

Ces gâteaux individuels sont plus connus aux États-Unis lorsqu'ils sont fourrés à la fraise ou à la framboise. Les brioches encore chaudes sont alors coupées en deux et remplies de gelée de fraise ou framboise, puis de ces fruits frais. Et on couronne le tout de crème fouettée !

En voici donc une version plus hivernale avec des pommes au lieu de fruits rouges.

Un dessert que vous servirez chaud, tiède ou froid, mais de grâce, préparez-le le jour même : les chaussons rassis ne sont pas bons !

Pour la garniture :
- *1 bâton de cannelle de 10 cm environ, coupé en 2*
- *1 cuillerée à café de sel*
- *2 tranches de citron*
- *225 g de sucre en poudre*
- *5 belles pommes pelées coupées en quartiers et émincées dans le sens de la longueur*

Pour la pâte :
- *60 g de beurre plus de quoi graisser les moules*
- *280 g de farine*
- *1 cuillerée à café de sel*
- *2 cuillerées à café de levure en poudre*
- *1 cuillerée à soupe de sucre en poudre*
- *1,7 dl de lait*

Pour la décoration :
- *1,5 dl de crème double*
- *2 cuillerées à café de sucre en poudre*
- *1/2 cuillerée à café d'extrait de vanille liquide*

Préparez d'abord la garniture : dans une casserole, mettez le sel, la cannelle, les tranches de citron et le sucre et couvrez avec 1/2 litre d'eau. Portez à ébullition et ajoutez les tranches de pommes.

Laissez frémir 5 à 10 minutes. Les pommes doivent devenir tendres mais ne pas se mettre en purée.

Sortez-les à l'écumoire et réservez. Faites bouillir leur liquide de cuisson à feu vif pour qu'il réduise et prenne la consistance d'un sirop. Remettez les tranches de pommes.

Préparez vos brioches : préchauffez le four à 230 °C (thermostat 8) et beurrez une plaque à pâtisserie.

Dans une terrine, mettez la farine, le sel, la levure et le sucre. Incorporez ensuite le beurre jusqu'à ce que vous obteniez un appareil semblable à de la grossière chapelure. Versez ensuite le lait et à l'aide d'une fourchette, incorporez de façon à obtenir une boule de pâte lisse. Vous pouvez facilement effectuer ces 2 opérations au mixer.

Travaillez rapidement votre pâte sur une surface légèrement farinée puis étendez-la en une abaisse de 2 cm environ. Ensuite, avec un emporte-pièce rond de 8 cm de diamètre environ, découpez 6 cercles que vous placerez sur votre tôle à pâtisserie préalablement beurrée. Enfournez et laissez cuire 12 minutes. Laissez refroidir.

Si vous préférez servir ces brioches fourrées chaudes, faites réchauffer vos pommes au sirop.

Battez la crème avec le sucre et l'extrait de vanille jusqu'à ce qu'elle soit bien ferme.

Ouvrez les brioches en deux. Dans chaque assiette, placez le « fond » d'une brioche, nappez de pommes au sirop, puis de crème fouettée, refermez avec l'autre moitié de brioche et recouvrez encore de pommes puis de crème comme sur la photo ci-contre.

Ci-contre, un chausson aux pommes à la mode du Vermont : un dessert original pour le plaisir des yeux autant que du palais.

AUTOUR D'UN DESSERT SURPRISE

La glace est l'un des desserts
préférés des grands et petits...
Celle qui clôture ce menu
plutôt rustique
ne s'adresse pas forcément
aux plus jeunes,
mais nul doute
qu'elle fera sourire les autres
quand ils comprendront
que la fin du repas
n'est pas précisément
celle que l'on attendait...

CROSTINI DE CHÈVRE
À LA CRÈME DE CHAMPIGNONS

RISOTTO AUX NOIX ET AVOCATS
SALADE ÉMERAUDE
ET SA VINAIGRETTE AUX FINES HERBES

CAPPUCCINO GLACÉ

CROSTINI DE CHÈVRE À LA CRÈME DE CHAMPIGNONS

Les Italiens préparent des *crostini* équivalent de nos croûtons, avec tout ce qui leur tombe sous la main, et le résultat est toujours exquis. J'ai expérimenté les crostini dont la recette suit, un jour que je recevais à dîner un très grand cuisinier professionnel. Inutile de préciser que je n'en menais pas large. Or ces crostini furent un succès et, dès lors, le dîner se déroula comme un rêve.

Utilisez de préférence ces fromages de chèvre qui se présentent en bûches et que vous pourrez facilement débiter en tranches.

- *20 g de champignons secs*
- *2 cuillerées à soupe d'huile d'olive*
- *1 oignon haché*
- *350 g de champignons de Paris émincés*
- *2 gousses d'ail écrasées*
- *1 cuillerée à soupe de persil haché*
- *1 cuillerée à soupe de crème fraîche double*
- *6 tranches de pain de maïs (recette page 16)*
- *6 tranches de fromage de chèvre*
- *sel et poivre du moulin*

Faites tremper les champignons secs dans 1/4 de litre d'eau chaude pendant 30 minutes environ. Égouttez et réservez l'eau que vous passerez à travers une mousseline ou un filtre à café pour la débarrasser de ses impuretés. Hachez les champignons.

Dans une cocotte, faites chauffer l'huile d'olive puis cuire l'oignon 5 à 10 minutes en remuant souvent. Il doit dorer.

Ajoutez les champignons de Paris, l'ail et le persil et laissez cuire encore en tournant de temps en temps jusqu'à ce que les champignons deviennent tendres.

Ajoutez alors ceux que vous avez hachés ainsi que leur eau de trempage, assaisonnez et laissez frémir 2 à 3 minutes. Incorporez la crème et enlevez du feu.

Préchauffez le four à 200 °C (thermostat 6), et huilez une plaque du four.

Ôtez la croûte qui entoure vos tranches de pain de maïs et disposez celles-ci sur votre plaque. Placez un tranche de fromage de chèvre sur chacune et enfournez jusqu'à ce que le fromage commence à fondre.

Pour servir, placez une crostini au centre de chaque assiette, entourez de crème de champignons que vous aurez fait réchauffer si nécessaire.

Servez immédiatement.

RISOTTO AUX NOIX ET AUX AVOCATS

On mange habituellement les avocats crus et froids, mais chauds, ils sont exquis aussi. Dans ce plat, leur saveur douce contraste avec le goût piquant, presque acidulé du parmesan, et leur contexture très lisse met en valeur celle craquante des noix.

Si les ingrédients de ce risotto sont fort inhabituels, en revanche la méthode de cuisson du riz est tout à fait classique à condition que vous utilisiez de ces riz naturels comme le Basmati par exemple que vous aurez abondamment rincé.

Un conseil, ne salez pas trop ce rizotto, le parmesan étant un fromage très relevé.

- *2 cuillerées à soupe d'huile d'olive*
- *1 gros oignon haché*
- *3 gousses d'ail écrasées*
- *400 g de riz*
- *1,5 l environ de fond de légume*
- *1,5 dl de vin blanc*
- *80 g de parmesan frais rapé*
- *2 avocats bien mûrs*
- *60 g de cerneaux de noix concassés*
- *1 cuillerée à soupe de persil haché*

Dans une cocotte, faites chauffer l'huile à feu modéré, puis mettez l'oignon à revenir pendant 5 minutes environ. Il doit devenir translucide et dorer légèrement.

Ajoutez l'ail puis le riz et remuez sans arrêt 2 à 3 minutes afin que le riz s'imprègne d'huile.

Dans une casserole, portez le bouillon à ébullition, baissez le feu et laissez-le frémir à peine.

Versez le vin sur le riz, laissez cuire à feu doux en remuant jusqu'à ce que tout le liquide ait évaporé.

Couvrez à peine le riz de bouillon, laissez cuire jusqu'à ce que le riz ait absorbé tout le liquide. Rajoutez du bouillon, et recommencez l'opération jusqu'à épuisement du bouillon. Cela doit prendre 15 à 20 minutes et le riz doit alors être tendre. Attention cependant: le risotto ne doit pas être sec mais crèmeux, au contraire. Si d'aventure il était trop sec, rajoutez un peu d'eau chaude.

Juste avant la fin de la cuisson, incorporez le parmesan.

Au dernier moment, pelez les avocats, dénoyautez-les et coupez-les en petits cubes. Mélangez-les délicatement au riz ainsi que les cerneaux de noix concassés.

Servez dans des assiettes chaudes et soupoudrez de parmesan râpé ainsi que de persil haché.

SALADE ÉMERAUDE ET SA VINAIGRETTE AUX FINES HERBES

Plus que d'une recette, il s'agit ici d'un point de départ à partir duquel amusez-vous à composer vos salades. J'aime beaucoup les salades vertes mélangées : j'y mets en particulier de la laitue, de la roquette et du cresson. Parfois j'y ajoute des pointes d'asperges à peine blanchies, ou des haricots verts, ou encore du céleri, des radis, un avocat, etc.

Pour 3 cuillerées à soupe de vinaigrette, comptez une bonne cuillerée à soupe de fines herbes hachées. Je vous déconseille cependant la sauge et le romarin dont le parfum trop capiteux masquerait celui des autres herbes.

CAPPUCCINO GLACÉ

C'est dans un grand hôtel de Venise dont la table est également réputée, que j'ai dégusté pour la première fois ce dessert étonnant. Il m'a tellement enchanté que de retour chez moi, je n'ai eu de cesse de le refaire. Après plusieurs essais, je vous livre ici ma recette définitive: rassurez-vous, elle est rapide et facile à exécuter.

Pour faire la poudre de chocolat, utilisez une râpe à fromage.

Pour 1 litre de glace environ :
- *6 jaunes d'œufs*
- *2 grosses cuillerées à soupe de poudre de café soluble*
- *60 g de sucre*
- *3 dl de crème fraîche battue en crème fouettée ferme*

Pour servir :
- *1,5 dl de crème fouettée pas trop ferme*
- *poudre de cacao ou de chocolat râpé*

Dans un grand saladier, battez au fouet électrique les jaunes d'œufs pendant 2 à 3 minutes. Ils doivent devenir mousseux et légers. Vous pouvez bien sûr utiliser un fouet à main, mais il vous faudra 2 fois plus de temps, et attention aux crampes du poignet !

Dans une casserole, mettez le café soluble, le sucre et 1,25 dl d'eau. Amenez à ébullition, assurez-vous que le café et le sucre sont bien dissous et retirez du feu.

Versez ce mélange sur les œufs battus sans cesser de battre. Battez encore jusqu'à ce que l'appareil refroidisse. Il doit aussi

augmenter de volume et prendre la consistance de la crème fouettée. Il faut pour cela le travailler vigoureusement 4 à 5 minutes.

Incorporez la crème fouettée bien ferme et versez le mélange dans des coupes en verre, comme sur la photo ci-dessus.

Placez les coupes au congélateur pendant 8 heures au moins.

Sortez vos coupes du freezer 5 bonnes minutes avant de les servir. Recouvrez vos glaces de crème fouettée et saupoudrez de chocolat râpé.

MON MENU
SPÉCIAL GOURMETS

Dans ce repas que je vous conseille pour les grandes occasions, le fromage joue un rôle important puisqu'il est présent en entrée et au dessert. La préparation du plat de résistance vous demandera un peu de temps : mais vous n'aurez aucun regret en voyant vos convives se régaler. L'entrée en revanche est un jeu d'enfant. Alors amusez-vous !

**PAUPIETTES VERTES
AU GORGONZOLA**

**TOURTE DE TOMATES FARCIES
À LA CRÈME DE PISTOU**

**SALADE DE BETTERAVES
AUX PIGNONS ET OIGNONS ROSES**

**FLAN DE CHÈVRE TIÈDE
AUX NOIX ET MIEL DE LAVANDE**

PAUPIETTES VERTES AU GORGONZOLA

En tant que critique gastronomique, j'ai souvent la chance d'être invité dans les meilleurs restaurants. C'est ainsi qu'un jour, dans un célèbre établissement que je ne nommerai pas, me furent servies ces succulentes « paupiettes » originales dont je vous livre la recette.

La crème de gorgonzola est une spécialité italienne constituée par plusieurs couches de gorgonzola alternant avec des couches de Mascarpone. On en trouve dans les épiceries fines et chez les bons fromagers. A défaut, prenez un fromage de chèvre bien crémeux.

- *3 tranches de crème de gorgonzola ou 6 tranches d'une bûche de fromage de chèvre*
- *120 g de tomates séchées et conservées dans l'huile, bien égouttées (réservez l'huile) et concassées*
- *6 belles feuilles de laitue*
- *2 cuillerées à soupe d'huile d'olive*
- *60 g de parmesan frais râpé*
- *60 g de pignons*
- *poivre noir*
- *des feuilles de basilic pour décorer*

Placez les tranches de fromage au réfrigérateur pendant 30 minutes au moins. Si vous utilisez la crème de gorgonzola, coupez chaque tranche en deux.

Préchauffez le gril du four et graissez une plaque avec l'huile dans laquelle ont été conservées les tomates séchées.

Délicatement, aplatissez bien vos feuilles de laitue et enveloppez un morceau de fromage dans chacune. Disposez vos petits paquets sur la plaque du four. Arrosez chacun d'un peu d'huile d'olive et saupoudrez de parmesan et de pignons de pin. Rajoutez un peu d'huile, et un bon tour de moulin rempli de poivre noir.

Enfournez au gril 3 minutes environ, le temps que le parmesan et les pignons commencent à griller.

À l'aide d'une spatule, disposez chaque « paupiette » sur une assiette préalablement chauffée. Garnissez de tomates à l'huile concassées et de feuilles de basilic, et servez aussitôt.

Ci-contre, une tourte de tomates farcies à la crème de pistou (recette page 120) et, à droite, des paupiettes vertes au gorgonzola.

TOURTE DE TOMATES FARCIES À LA CRÈME DE PISTOU

Il s'agit là d'une recette australienne, et non italienne comme on pourrait l'imaginer. C'est une tarte superbe, mais un peu longue à préparer. Allons, consolez-vous, elle en vaut la peine.

Le pistou nous vient d'Italie : c'est une sauce faite avec du basilic, de l'ail et des pignons de pin qui se présente en pots que vous achèterez dans tous les bons supermarchés.

- *8 tomates pas trop grosses mais de taille égale*
- *250 g de pâte sablée (recette page 18) étalée en une abaisse fine*
- *1 blanc d'œuf légèrement battu*
- *2 cuillerées à café de maizéna*
- *3 dl de lait*
- *2 œufs battus*
- *2 cuillerées à soupe de pistou*
- *1 cuillerée à soupe d'huile d'olive*
- *1 oignon finement haché*
- *60 g de chapelure*
- *60 g de gruyère râpé*
- *1 cuillerée à soupe de persil haché*
- *sel et poivre du moulin*

Ôtez un petit chapeau à la base de vos tomates, du côté où se trouve la tige. Videz-les de leurs graines et de leur jus en les pressant délicatement.

Saupoudrez de sel l'intérieur et posez-les pendant 1 heure côté ouvert sur un torchon pour qu'elles s'égouttent. Ensuite séchez-les avec un autre torchon.

Préchauffez le four à 190 °C (thermostat 5). Foncez un moule à tarte de 28 cm de diamètre avec la pâte brisée et faites cuire 10 minutes à vide dans le four. Badigeonnez votre fond de tarte au blanc d'œuf battu, et remettez au four 3 minutes de plus : votre pâte sera « imperméable » et restera croustillante quand vous l'aurez garnie de la crème de pistou.

Délayez la maizéna dans un peu de votre lait, puis ajoutez le reste ainsi que les œufs en battant bien. Ajoutez ensuite le pistou, mélangez. Assaisonnez de sel et de poivre.

Dans une poêle, faites chauffer l'huile à feu moyen et mettez l'oignon à revenir 5 à 10 minutes. Il doit devenir translucide. Retirez la poêle du feu, laissez refroidir un peu puis ajoutez la chapelure, le fromage rapé, le persil, et assaisonnez. Avec ce mélange, farcissez vos tomates.

Tapissez votre fond de tarte de crème de basilic. Dessus, disposez les tomates farcies de façon harmonieuse comme sur la photo ci-dessus.

Enfournez encore 30 minutes au moins. La crème de pistou doit prendre à la façon d'un flan. Servez chaud ou tiède.

FLANS DE CHÈVRE TIÈDE AUX NOIX ET MIEL DE LAVANDE

Voilà une recette qui peut paraître bizarre à la lecture mais, une fois réalisée, elle est étonnante. Ce dessert me fut servi pour la première fois à l'issue d'un délicieux repas, dans le Languedoc, région célèbre pour ses fromages de chèvre et son miel aussi.

- *450 g de fromage de chèvre doux*
- *2 œufs à peine battus*
- *2 cuillerées à soupe de crème fraîche double*
- *3 cuillerées à soupe de miel de lavande (ou tout autre miel, pas trop capiteux cependant)*
- *60 g de noix concassées*
- *un peu de beurre fondu*

Beurrez 6 ramequins ou autres petits moules à flan.

Dans votre mixer, mélangez le fromage de chèvre, les œufs et la crème. Vous pouvez bien sûr effectuer cette opération à la main, vous servant d'abord d'une fourchette puis d'une cuillère en bois, mais que de peine et de temps perdu ! En outre le résultat sera moins parfait car il risque de rester des grumeaux.

Versez l'appareil ainsi obtenu dans les ramequins et recouvrez chacun d'un papier d'aluminium.

Cuisez alors vos ramequins au bain-marie: placez-les dans une grand moule rempli d'eau et mettez au four préchauffé à 190 °C (thermostat 5), puis laissez cuire environ 25 minutes jusqu'à ce que l'appareil se solidifie.

Pour servir, démoulez vos flans sur des assiettes chauffées, arrosez chacun d'une cuillerée à café de miel, et saupoudrez de noix concassées.

SALADE DE BETTERAVES AUX PIGNONS ET OIGNONS ROSES

À mon avis, dans la cuisine traditionnelle, on sous-estime beaucoup la betterave. Pourtant son goût presque sucré s'allie très bien à celui de nombreuses espèces de salades, ainsi qu'à celui de toutes sortes d'ingrédients qui peuvent entrer dans la composition de salades mélangées.

- *350 g de betteraves rouges coupées en dés*
- *2 oignons roses finement émincés*
- *60 g de pignons de pin*
- *3 cuillerées à soupe de vinaigrette*
- *1 cuillerée à café de graines de cumin*
- *2 cuillerées à café de persil haché ou de ciboulette*

Disposez la betterave et les oignons dans un saladier. Éparpillez les pignons.

Mélangez le cumin à la vinaigrette et versez-la sur la salade. Laissez 1 heure à température ambiante pour que la betterave s'imprègne bien d'huile.

Saupoudrez de persil haché ou de ciboulette juste avant de servir.

La tourte de tomates farcies à la crème de pistou (ci-dessus) est un plat australien.

ET VIVE L'ITALIE !

*C'est la cuisine italienne
qui se prête le mieux
aux repas végétariens.
Que d'imagination les Italiens
déploient pour préparer,
apprêter, varier leurs légumes !
Le menu ci-dessous
fleure bon l'Italie ensoleillée,
et parmi vos convives,
nul ne s'apercevra que
c'est un menu végétarien.
J'en prends le pari !*

**SANDWICHES CLUB
À L'AUBERGINE, POIVRON ROUGE
ET MOZZARELLA**

**PENNES AU FROMAGE DE CHÈVRE,
AVEC JULIENNE DE PETITS LÉGUMES**

**SALADE D'ORANGES,
AUX OLIVES ET OIGNONS DOUX**

TIRAMISU

SANDWICHES CLUB À L'AUBERGINE, POIVRON ROUGE ET MOZZARELLA

Ce hors-d'œuvre simple, délicieux et facile à exécuter, ouvrira votre repas sur une note ensoleillée, avec la Méditerranée en arrière-plan. Je remplace parfois la mozzarella par des petits fromages de chèvre frais que je coupe en deux.

- *2 cuillerées à soupe d'huile d'olive*
- *2 aubergines longues coupées en 18 rondelles*
- *3 poivrons rouges*
- *2 tomates hachées*
- *2 cuillerées à soupe de vinaigrette*
- *12 tranches de mozzarella*
- *sel et poivre du moulin*
- *feuilles de mâche pour décorer*

Préchauffez le four à 220 °C (thermostat 7) et graissez une de ses plaques.

Faites dégorger vos tranches d'aubergines saupoudrées de gros sel dans une passoire pendant 30 minutes. Rincez-les ensuite et essorez-les bien dans un torchon ou avec du papier absorbant.

Disposez vos tranches d'aubergines à plat sur votre plaque du four. Enduisez-les d'huile d'olive et enfournez 10 à 15 minutes. Elles doivent devenir tendres et prendre un ton à peine doré. Sortez-les du four et laissez-les refroidir.

Pendant ce temps, ouvrez vos poivrons, ôtez-en les graines et mettez-les à griller au four jusqu'à ce que la peau ait noirci. Sortez-les, laissez-les refroidir, puis enlevez leur peau qui doit partir très facilement.

Mélangez les tomates concassées à votre vinaigrette.

Confectionnez alors vos sandwiches club : pour chacun, il vous faut trois tranches d'aubergines, une tranche de mozzarella (ou 1/2 petit fromage de chèvre), et vous intercalerez un morceau de poivron rouge entre les tranches d'aubergines.

Disposez vos sandwiches club sur un plat de service, arrosez avec votre vinaigrette améliorée, et décorez avec des feuilles de mâche.

PENNES AU FROMAGE DE CHÈVRE AVEC JULIENNE DE PETITS LÉGUMES

- *500 g de pennes ou autres pâtes de votre choix*
- *1,75 dl d'huile d'olive*
- *120 g de parmesan grossièrement concassé*
- *250 g d'épinards en branches blanchis*
- *150 g de petits pois cuits*
- *150 g de pois mange-tout cuits*
- *400 g environ de fromage de chèvre coupé en petits dés*
- *1 cuillerée à soupe de persil haché*
- *sel et poivre du moulin*

Mettez vos pâtes à cuire dans de l'eau bouillante salée, suivant les instructions de cuisson portées sur le paquet. Elle doivent être tendres mais fermes : *al dente* disent les Italiens. Égouttez-les, mettez-les dans un saladier et arrosez d'une bonne cuillerée à soupe d'huile d'olive. Mélangez bien et tenez au chaud.

Pendant que cuisent vos pâtes, concassez le parmesan, ou débitez-le en copeaux avec votre couteau éplucheur à légumes.

Faites chauffer votre reste d'huile dans une grande sauteuse ou un wok. Quand elle est bien chaude, mettez à revenir vivement vos épinards quelques secondes, puis ajoutez vos petits pois et vos haricots mange-tout. Laissez cuire 1 ou 2 minutes à feu très vif en remuant sans cesse.

Ajoutez les pâtes, et les dés de fromage de chèvre. Assaisonnez à votre goût et laissez au feu 2 minutes encore.

Servez immédiatement saupoudré de copeaux de parmesan et de persil haché.

SALADE D'ORANGES AUX OLIVES ET OIGNONS DOUX

Voilà des parfums qui s'accordent à merveille pour une salade légère à servir en hors-d'œuvre, ou dans un buffet froid. Choisissez des petites oranges, de préférence des sanguines en saison : elles sont juteuses et faciles à peler. Quant aux oignons, les roses sont mes préférés à cause de leur couleur ravissante, mais à défaut, prenez des blancs frais, bien entendu.

- *6 oranges pelées à cru et coupées en tranches fines*
- *2 petits oignons émincés*
- *36 olives noires*
- *2 cuillerées à soupe de vinaigrette*
- *quelques feuilles de salade pour décorer*

Mélangez oignons émincés, tranches d'oranges et olives dans un saladier. Arrosez avec la vinaigrette et remuez délicatement.

Répartissez dans 6 assiettes et décorez avec des feuilles de salade verte.

TIRAMISU

Il s'agit d'un entremets très à la mode et qui a même supplanté, sur les cartes des grands restaurants, le célèbre *zabaglione*. Il existe évidemment mille et une façons de le préparer. La recette que je vous livre est cependant ma favorite. En outre, elle est facile à réaliser, ce qui ne gâche rien, et le résultat, j'en suis sûr, sera à la hauteur de vos espérances (et de celles de vos convives).

- *4 œufs*
- *2 cuillerées à soupe de sucre glace*
- *1 cuillerée à soupe de cognac*
- *500 g de mascarpone*
- *18 biscuits de champagne ou biscuits à la cuiller*
- *3 dl de café froid très fort*
- *1 cuillère à soupe de cacao en poudre*

Battez les jaunes d'œufs avec le sucre jusqu'à ce que le mélange blanchisse et devienne mousseux. Ajoutez le cognac puis le mascarpone et continuez à battre.

Montez les blancs d'œufs en neige très ferme, et incorporez délicatement au mélange précédent.

Dans un saladier (en verre de préférence) ou un moule à charlotte, étalez une couche de ce mélange. Couvrez avec une couche de biscuits que vous aurez rapidement imprégnés de café. Continuez à superposer des couches jusqu'à épuisement de l'appareil et des biscuits. Terminez par une couche du mélange œufs et mascarpone. Normalement vous devriez avoir 5 couches en tout : 3 de mélange, séparées par 2 de biscuits.

Lissez bien le dessus de l'entremets et saupoudrez de cacao.

Ce dessert est meilleur si vous le préparez quelques heures à l'avance et le mettez à refroidir au réfrigérateur avant de le servir. Dans ce cas, ne saupoudrez de cacao qu'au dernier moment.

Index